DISCLAIMER

The author and publisher are providing this book and its contents on an "as is" basis and make no representations or warranties of any kind with respect to this book or its contents. The author and publisher disclaim all such representations and warranties, including but not limited to warranties of merchantability. In addition, the author and publisher do not represent or warrant that the information accessible via this book is accurate, complete, or current.

Except as specifically stated in this book, neither the author nor publisher, nor any authors, contributors, or other representatives will be liable for damages arising out of or in connection with the use of this book. This is a comprehensive limitation of liability that applies to all damages of any kind, including (without limitation) compensatory; direct, indirect, or consequential damages; loss of data, income, or profit; loss of or damage to property; and claims of third parties.

This Book Comes With Free Bonus Puzzles

Available Here:

BestActivityBooks.com/WSBONUS20

5 TIPS TO START!

1) HOW TO SOLVE

The Puzzles are in a Classic Format:

- Words are hidden without breaks (no spaces, dashes, ...)
- Orientation: Forward & Backward, Up & Down or
  in Diagonal (can be in both directions)
- Words can overlap or cross each other

2) ACTIVE LEARNING

To encourage learning actively, a space is provided next to each word to write down the translation. The **DICTIONARY** allows you to verify and expand your knowledge. You can look up and write down each translation, find the words in the Puzzle then add them to your vocabulary!

3) TAG YOUR WORDS

Have you tried using a tag system? For example, you could mark the words which have been difficult to find with a cross, the ones you loved with a star, new words with a triangle, rare words with a diamond and so on...

4) ORGANIZE YOUR LEARNING

We also offer a convenient **NOTEBOOK** at the end of this edition. Whether on vacation, travelling or at home, you can easily organize your new knowledge without needing a second notebook!

5) FINISHED?

Go to the bonus section: **MONSTER CHALLENGE** to find a free game offered at the end of this edition!

Want more fun and learning activities? It's **Fast and Simple!**
An entire Game Book Collection just **one click away!**

Find your next challenge at:

BestActivityBooks.com/MyNextWordSearch

Ready, Set... Go!

Did you know there are around 7,000 different languages in the world? Words are precious.

We love languages and have been working hard to make the highest quality books for you. Our ingredients?

A selection of indispensable learning themes, three big slices of fun, then we add a spoonful of difficult words and a pinch of rare ones. We serve them up with care and a maximum of delight so you can solve the best word games and have fun learning!

Your feedback is essential. You can be an active participant in the success of this book by leaving us a review. Tell us what you liked most in this edition!

Here is a short link which will take you to your order page.

BestBooksActivity.com/Review50

Thanks for your help and enjoy the Game!

Linguas Classics Team

1 - Antiques

```
I  N  I  Q  Q  S  O  S  I  N  I  Q  I  W
B  Z  L  A  Z  Q  T  A  M  V  I  U  A  K
Y  V  I  D  O  J  N  S  I  G  M  F  T  U
T  V  R  M  K  O  I  I  P  N  U  I  F  D
I  U  G  B  A  F  N  B  E  L  H  A  K  A
L  F  B  J  P  L  K  O  N  K  S  S  I  L
A  Z  U  U  E  O  I  L  D  I  A  T  R  A
U  X  D  N  C  M  L  H  I  G  M  A  S  J
Q  U  T  U  I  I  N  U  U  A  A  Y  Z  N
I  W  X  Z  K  S  K  K  W  L  L  E  P  P
Y  A  H  X  K  I  H  O  R  A  T  L  Z  R
I  N  N  D  A  L  I  A  L  R  N  A  O  I
O  S  I  C  G  N  A  W  C  I  S  I  I  C
U  B  U  C  H  W  E  P  H  E  S  H  E  E
```

UBUCIKO	IGALARI
INNDALI	INTO
IQINISO	UBUCHWEPHESHE
IZIMALI	KUDALA
ISIMO	IMIPENDI
AMASHUMI	PRICE
OKUHLOBISA	IQUALITY
KAHLE	ISICWANGCISO
IFUNISHA	STAYELA

2 - Food #1

```
U A N Y A N I N I I B I O I
U Z P F I P E A N U T S B B
N O L O J I K I J I O A A H
U C A F E M U J U S I L S A
S H I I P H E Y A I H A I L
A R B C B W S L H B S D L E
W E H T A Q A S I U A I I I
O X I L L N Y F B D N L J S
T A L C E Q U M N T I A I O
I J I I K D Z T I P P M M P
Y D K F U J B X D X I U B H
B X O Y H T K P B V S N U O
Z Q S E S C Z N G B I A C C
O P I P U U G A L I K I M V
```

IBHILIKOSI
IBHALE
BASIL
ISAQATHE
UGALIKI
UJUSI
ILAMUNA
UBISI
U-ANYANINI
I-PEANUT

IPHEYA
ISALAD
USAWOTI
ISOPHO
ISIPINASHI
IJIKIJOLO
USHUKELA
TUNA
IJIMBU

3 - Measurements

```
N N W X M O I T O U L U F I
E Z L D T I N L Q O E K L M
I A Q K G E N C R R N U K I
Y N O T I K B U E E G J I S
I Q C T W Q V U T T U L A
E Y W H L Z C M I E H L O I
D E C I M A L Q L M U A M S
U N F A L R Z U Z I B M E I
B V K Z D U W L F T U K T S
U G V C A M Q U O T N E E I
C R I M E T E R O N Z B R N
Z A Q E K F G E H E I Y A D
P M A R G O L I K C W T U O
I S I Q E P H U H Y R E V W
```

BYTE	LENGTH
CENTTIMETER	LITER
DECIMAL	IMISA
ISIQEPHU	I-METER
UKUJULA	MINUTE
GRAM	ONCE
UBUDE	I-TON
INCH	UMQULU
KILOGRAM	ISISINDO
KILOMETER	UBUNZI

4 - Farm #2

```
I  I  D  A  D  A  H  U  U  R  R  Q  S  I
Z  Z  B  Z  C  F  B  K  M  B  S  V  O  B
J  E  I  L  A  M  G  U  B  C  I  X  T  H
N  V  G  L  A  G  H  D  C  U  Z  S  X  A
X  V  Y  I  W  D  O  L  O  K  U  J  I  L
M  L  I  M  I  A  S  A  K  N  U  K  U  E
I  G  B  D  M  I  N  E  W  L  O  K  U  V
N  X  I  N  Z  Z  I  E  K  S  W  S  B  I
G  X  G  I  P  I  U  M  A  L  U  S  I  H
A  F  V  W  A  M  T  T  N  A  J  A  M  E
B  H  E  I  W  V  I  M  E  A  D  O  W  E
A  B  Q  J  W  U  O  W  H  A  S  R  L  B
I  S  I  T  H  E  L  O  N  I  F  I  M  I
U  T  A  L  A  K  T  A  R  V  D  O  J  L
```

IZILWANE	UKUNKASA
IBHALE	I-MEADOW
INGABA	UBISI
BEEHIVE	IZIMVU
UKOLWENI	UMALUSI
IDADA	UTALAKTA
MLIMI	IMIFINO
UKUDLA	UKOLO
ISITHELO	I-WINDMILL

5 - Books

```
E  I  I  U  M  L  A  N  D  O  U  I  E  M
N  Z  N  M  F  U  N  D  I  Y  M  L  J  B
L  I  K  I  N  O  V  E  L  I  O  B  D  S
K  B  O  A  T  J  L  K  M  F  N  I  J  A
O  H  N  L  G  B  C  T  W  V  G  V  M  M
L  A  D  N  C  I  P  E  I  Y  O  A  P  A
D  L  L  D  I  L  E  D  N  A  L  M  U  H
N  O  O  K  G  I  Q  O  Q  O  Z  P  V  L
O  K  U  F  A  N  E  L  E  K  I  L  E  A
K  A  S  J  R  G  V  G  J  Y  N  P  Y  Y
N  P  B  R  T  A  A  B  A  D  N  I  W  A
I  Z  I  G  I  G  A  B  A  P  O  R  K  M
Z  I  M  V  U  M  E  L  W  A  N  O  C  V
I  I  D  U  A  L  I  T  Y  Y  Z  T  E  H
```

IZIGIGABA	UMLANDELI
IQOQO	INOVELI
UMONGO	PAGE
I-DUALITY	INKONDLO
I-EPIC	IZINKONDLO
UMLANDO	MFUNDI
AMAHLAYA	OKUFANELEKILE
IMVUMELWANO	INDABA
IZIBHALO	I-TRAGIC

6 - Meditation

```
C M E I P U I B E E G K U L
D E J M A M K M T J R V F X
C E B I G C J O V K U P U X
K M W K N P L K E H I S I
D A X H O L W U Z B L Z Q E
U B A U B O C B H I N O P P
I M L B U K W A M U K E L A
N A U A K P F J C F N S H K
G H H S U Q X N Q A G W E U
Q U T G A J H I J O C T T V
O K U Q A P H E L A L U H T
N U K E N G Q O N D O H K T
D W U K U B O N A K A L A U
O U M B O N O W U K U M A N
```

UKWAMUKELA
QAPHELA
VUKA
UKUCACA
ISIHE
UKUBONGA
IMIKHUBA
INJABULO
UKUBONAKALA
UMUSA

ENGQONDO
INGQONDO
UKUHAMBA
UMCULO
IMVELO
UKUTHULA
UMBONO
UKUMA
THULA

7 - Days and Months

```
D F E B R U A R Y V W N R Y
I U I K H A L E N D A E F Q
S N L U M S O M B U L U K O
E G I W U O N A U G U S T E
M E B I E N M O J O W D N J
B S I N X S Y L V J U L Y A
A O S Y N V I A B E W H B N
X N E A Q P K N K X M N N U
Y T W N I M I C E A H B Y A
U O L G Z O V F M V C B A R
M V L A L D I T O D R S E Y
G C U L W E S I H L A N U L
O C T O B E R S R M M D Y G
Y T H Z T U M G Q I B E L O
```

AUGUST	INYANGA
IKHALENDA	NOVEMBA
DISEMBA	OCTOBER
FEBRUARY	UMGQIBELO
ULWESIHLANU	NGESONTO
JANUARY	ULWESINE
JULY	LWESIBILI
MARCH	IVIKI
UMSOMBULUKO	UNYAKA

8 - Energy

```
I N I J N I S I L O S A G U
N O U V I N O B A H K I E I
D R D K F F M H Y Q W D L S
U T I A P M I E L F T I E I
S C Z S F B Z T L S T T C T
T E I I O Y E H U J T U T H
R L S H Z J P I R S S R R O
Y E I S N L O O L G W B I M
O I N U C L E A R N D I C B
D C M K A E F U Y T Z N M E
R U M U Q U C I M L N E O F
D E F C B F S S K O F E T Y
I H Y D R O J E N I Y L O V
U K U N G C O L A F C A R X
```

IBHETHI	UKUSHISA
IKHABONI	I-HYDROJENI
UDIZISI	INDUSTRY
ELECTRIC	MOTOR
I-ELECTRON	I-NUCLEAR
INJINI	ISITHOMBE
ENTROPY	UKUNGCOLA
EZIMO	I-TURBINE
FUEL	UMOYA
UGASOLI	

9 - Archeology

```
Y O I I L O L H M U E A I U
R N I M T U B U D A L A Z C
G G E T P H L I S S O F I H
I A R L A U E R B P Y D T W
R Z A I L O C M H K I X H E
E I E A O L R U P P Z D O P
L W A W L H O H K E A K M H
I A U K H I U L D O L Y B E
C Y J U U F Z F R L H I E S
C O F N K M A I S W U X B H
T E A M U I J A N U H T Z E
J O B X O B M A H T A M A H
A M A N D U L O L T O T Q R
G B S U Z A L O Y W R W E V
```

UHLAZIYO
AMANDULO
UBUDALA
AMATHAMBO
IMPUCUKO
UZALO
I-ERA
UKUHLOLA
UCHWEPHESHE
IZITHOMBE

KHOHLWA
FOSSIL
IMFIHLO
IZINTO
I-RELIC
UMHLOLI
TEAM
ITHEMPELI
THUNA
ONGAZIWAYO

10 - Food #2

```
I N H L A N Z I P I L I G I
N U S H O K H O L E T H I I
F I H T U G O Y I A Y T M S
A A I L O C C O R B I O A I
I K I W I I U N I E A N P N
A L Y T S K S S K W L U L K
I L A S I H H T E H M E R W
Q T U R O O I Z J S O Y C A
Z V J P Q W Z O D T N Y P I
S P V J A E I H R I D S M K
I E G G E I I B H A N A N A
U K O L O U T A M A T I S I
I A S P A R A G U S V R W X
I A R T I C H O K E T W C J
```

I-ALMOND	I-EGG
I-APULA	INHLANZI
I-ARTICHOKE	IGILIPI
I-ASPARAGUS	ITSHWEBA
IBHANANA	IKIWI
ISINKWA	IKHOWE
I-BROCCOLI	ILASI
I-CELERY	UTAMATISI
USHIZI	UKOLO
USHOKHOLETHI	IYOGUTHI

11 - Chemistry

```
I D I U Q I L I N D T I U I
T O A K C I M O T A I O S H
E I R B H L N U R O E K A Y
M C H G S A A X E D L S W D
P A Q P A E B M M N E I O R
E T I T G N D O Y I C N T O
R A M T I I I Q N S T I I J
A L O J B R C C N I R B I E
T Y L C E O A T E S O P I N
U S E G K L I V I I N T O I
R T C P H H R A E L C U N I
E J U K W C U K U S H I S A
S Y L E N I L A K L A I P W
N W E A M R O E Q D I Y G X
```

I-ACID
I-ALKALINE
I-ATOMIC
IKHABONI
I-CATALYST
I-CHLORINE
I-ELECTRON
I-ENNYME
IGAS
UKUSHISA

I-HYDROJENI
I-ION
I-LIQUID
I-MOLECULE
I-NUCLEAR
I-ORGANIC
I-OKSINI
USAWOTI
TEMPERATURE
ISISINDO

12 - Music

```
I C U L E L A B R I A I U I
N Q W A D U R A H M V H K A
S I G C B N E L Y K O A U L
T E I I Y G P L T R C R R B
R C F R S C O A H O A M E H
U L I Y I I I D M F L O K A
M E P L N P U T I O M N H M
E C O I G E Z M C N Y Y O U
N T E B A C A K C I D G D Z
T I T K S V H O E U O A A L
I C I W E E L O D M L T Q V
D Q C E K L X K R Q E I I Y
O K J R H K Y J F U M Z N N
X X V J O L U C M O S D U M
```

I-ALBHAMU
BALLAD
CHORUS
INGASEKHO
I-ECLECTIC
I-HARMONY
INSTRUMENT
I-LYRICAL
MELODY
IMKROFONI

OMCULO
I-OPERA
I-POETIC
UKUREKHODA
ISIGQI
RHYTHMIC
CULELA
UMCULI
VOCAL

13 - Family

```
C I Q M A L U M E U B O Y U
U U M F A Z I Q E I B E M M
U M Y C D Y A N P C D J W K
M U Z K S Y M Q V Y E F E H
S B M A A M A D L O Z I E U
H A N I L U M Y E N I P N L
A B H G Z W U O R U D A A U
N A D T X I A I B G T T G A
A Z C N K E N N E O V E N M
U M Z A L A A G E G T R I A
U M Z U K U L U A O U N I W
K R S B S M Z G T N U A U E
I N D O D A K A Z I E L M L
U B U N T W A N A W Z X F E
```

AMADLOZI	UGOGO
U-AUNT	UMZUKULU
UMZALWANE	UMYENI
INGANE	UMAMA
UBUNTWANA	UMSHANA
IZINGANE	U-NIECE
UMZALA	PATERNAL
INDODAKAZI	AMAWELE
UBABA	MALUME
UMKHULU	UMFAZI

14 - Farm #1

```
N P Y P V O O A H Z D W V G
U W E B M I Y R E A I W Y A
T U M I S N I S A L I N S T
H P J W V A N I I P O L J C
A B V U W E R U O H I K Z A
N O S I B I B R M A G I N I
G I I H S A H H I Y W M I I
O D K K N B A G L I E B N B
B N A O W Q M K O B B O K M
Q U T P P X A R Z E A N O A
Q V I M A H N H E E I G M L
I M B U Z I Z Z Q L E O A H
L U U V T Q I R O G U L Z M
W C N J N H L C I M L O I U
```

EZOLIMO	UMVUNDI
BEE	INSIMU
I-BISON	UMHLAMBI
INKOLE	IMBUZI
IKATI	HAYI
INKOMAZI	UJU
IGWEBA	II II IASHI
INJA	ILASI
IMBONGOLO	IMBEWU
UTHANGO	AMANZI

15 - Camping

```
Q U M L I L O G N I Z U I H
T D F E N A W L I Z I L T J
I C H I B I K C O M M A H I
Z I E S G E V D Y Y V O H I
C S I S I N Y A N G A E L X
I I H A N W J N I M A P L N
C G L P N I L E L U E I N O
A Q A M C K I N T A M B O Z
N A T O Z Z E I D N A N M U
O B H C S T Q B H P E A X W
E A I I T L Y A J E W T P A
I N T A B A E C B O E H I O
U A L H A L H I Z I S J S P
I Z I G I G A B A X C Z L L
```

IZIGIGABA	UZINGO
IZILWANE	INSECT
I-CABIN	ICHIBI
I-CANOE	IMAP
I-COMPASS	INYANGA
UMLILO	INTABA
IHLATHI	IMVELO
UMNANDI	INTAMBO
I-HAMMOCK	ITENTE
ISIGQABA	IZIHLAHLA

16 - Algebra

```
K C Q R G I H L E Q A I V S
I L A Z A B A J Q U M F A H
H N T I S A J F U A A O R J
X V K P R P H A A N N M I W
I I Z I I Y W C T T G U A Q
R S I I N N D T I I A J B J
T V I F H G B O O T Q Z L W
A C I Q V M A R N Y Y I E D
M T J I E I E X P O N E N T
S B V M B P M A R G A I D I
B R Q A F S H P M E R N L P
O A H P I H K U K U Y A K T
I A D D I T I O N C N O P X
A P B P I N F I N I T E O H
```

I-ADDITION	GRAPH
I-DIAGRAM	INFINITE
EQUATION	MATRIX
I-EXPONENT	ABAZALI
FACTOR	INKINGA
AMANGA	QUANTITY
IFOMU	UKUKHIPHA
ISIQEPHU	VARIABLE

17 - Spices

```
I I U N A A X I T O W A S U
C H S G X M C L F G P A X R
O X Y I A E L E P E L E P U
R H S U N L Q T F M N Y L O
I T P A A A I A N T K N C V
A U F N P B M K S U E N E A
N J D N U O W O I N D C R L
D I I C U R R Y N I M U C F
E N E M N A N D I I T F B I
R G V I K H A D I M O M U E
Y A Y U B U K O I B F C D T
I F E N U G R E E K S P W P
U A N Y A N I N I Y E N O I
I A N I S E C I R O C I L I
```

I-ANISE	I-FLAVOUR
OKUBUYA	UGALIKI
IKHADIMOMU	UJINGA
ISINAMONI	I-LICORICE
I-CORIANDER	I-NUTMEG
CUMIN	U-ANYANINI
I-CURRY	UPELEPELE
I-FENNEL	USAWOTI
I-FENUGREEK	EMNANDI

18 - Universe

```
E S E Z U L W I N I W E A G
I H E M I S P H E R E V T C
B S C M J I R O T A U Q E I
I V E P I S E N J V W Y I M
V S C B X O M W E O O A N S
A R I T K L O U A T N M Y O
B L T K U A N N M O O A A C
J N S A H R O R F Z Z Y N I
N X L J J A R G T T I N G S
Y M O N O R T S A I R M A O
K C S Z P R S H V K O U B P
S S I I N G A H I S H B A A
I V G T Z Q I S Z L I U K C
I S I B O N A K A L I S O P
```

I-ASTRONOMER   ISIKHATHI
I-ASTRONOMY   INYANGA
ESEZULWINI   UMZIMBA
I-COSMIC   I-SKY
UBUMNYAMA   I-SOLAR
I-EQUATOR   I-SOLSTICE
I-HEMISPHERE   ISIBONAKALISO
I-HORIZON

19 - Mammals

```
I Z E G N U K N I Q N P A I
B C R A H C P R N S V K E N
E L A H W I I C O Y O T E T
A J A W G O N U V M I Z I L
V H W X I V F O M W I A D A
E M B M M H R O Q P N E N N
R D B E I X H R V K K A D G
X H D D H K Y A B T A I L A
Z J R D Z B A G S S W N O N
G K I Z N U K N I H U J V I
I M P I S I T A K I I A U S
G O R I L L A K B J Y C H E
I Z E B R A N I H P L O D U
C M P M I B H U B E Z I I V
```

BHEBHA	GORILLA
I-BEAVER	IHHASHI
INKUNZI	I-KANGAROO
IKATI	IBHUBEZI
I-COYOTE	INKAWU
INJA	UNOGWAJA
UDOLPHIN	IZIMVU
NDLOVU	I-WHALE
INKUNGEZI	IMPISI
INTLANGANISE	IZEBRA

20 - Bees

```
E S B V O I O C V B R I T U
F E K T Q U P M R C D N F D
I Z H H H Q Z O V W I J Z A
N Q F Z Z R V B L U X A W T
S I Z I M B A L I E L N L D
E I S I T H E L O Z N I E S
C I H A B I T A T U F I P M
T A T I I E C O S Y S T E M
Q M D I Z I Z I M P I L O O
U U J N Z I I L A N G A S V
E H J V R O T A N I L L O P
E S O U V T A A Z U Z A Y I
N L K Q T T O A L D U K U O
I D U X O N A G N A L H N I
```

IYAZUZA	IZITALA
I-ECOSYSTEM	IPOLENI
IZIMBALI	POLLINATOR
UKUDLA	QUEEN
ISITHELO	SHUMA
INJANI	ILANGA
I-HABITAT	INHLANGANO
UJU	WAX
INSECT	IZIMPILO

21 - Photography

```
Z E L H U K U B U K E K A C
U U M B A L A U H L A K A A O
M B X E M Z J N S I J U O M
O T U B A Q T J U K U K D P
F D W M Y D D Q B H M U V O
I E X O N F T T J A B K H S
Z T B H M Y S M E M O H R I
N O Z T E U A A C E N A Q T
U J W I F K R M T R O N A I
H S X S A Y T Q A A Z Y R O
T W Q I P W N Q Z R X A S N
I N Y L O A O L E Z A C N I
M R B B Q A C X N J V T U Z
I M V X L I N H L O S O S F
```

EMNYAMA   UHLAKA
IKHAMERA   UKUKHANYA
UMBALA   INHLOSO
COMPOSITION   UMBONO
CONTRAST   ISITHOMBE
UBUMNYAMA   IMITHUNZI
INCAZELO   SUBJECT
IFOMU   UKUBUKEKA

22 - Weather

```
I M O N S O O N O I C E N I
U Y D P Y M J S G S F R U S
A B M A Y N A K N I H U K I
U L U Z E S O M I S I T U V
O I S I K H U K H U L A D U
S R K R R V F X T F A R U N
U G N U K N I K U O C E M G
U M O H P E H P I S I P O U
M I K V I X O C R F P M S V
O S V H I P O L A R O E I U
Y K D D A Q U D N F R T M N
A Y A B I T D G B A T N O G
U N Y A Z I H Y S T I L S U
F J F F I E L I M O Y Y I C
```

UMKHATHI	I-MONSOON
ISIMO SEZULU	I-POLAR
IFU	UTHINGO
ISOMISO	I-SKY
YOMILE	ISIVUNGUVUNGU
ISIKHUKHULA	TEMPERATURE
INKUNGU	UKUDUMO
ISIPHEPHO	INKANYAMBA
ICE	I-TROPICAL
UNYAZI	UMOYA

23 - Circus

```
I  T  S  P  N  I  D  I  F  K  T  Z  L  J
A  F  R  A  L  U  C  A  T  C  E  P  S  I
C  P  Y  O  I  N  O  L  A  H  B  A  M  A
R  E  L  G  G  U  J  I  O  O  F  B  V  O
O  I  Z  I  L  W  A  N  E  W  I  Q  O  B
B  I  I  I  E  Z  Z  O  L  W  A  X  H  O
A  P  T  T  B  C  X  L  E  S  K  N  T  N
T  A  E  I  I  B  H  U  B  E  Z  I  E  I
U  R  N  G  W  N  B  C  V  N  Q  E  H  S
O  A  T  E  B  X  Q  M  Z  O  Z  L  T  A
X  D  E  R  D  O  E  U  T  Q  L  R  M  E
Z  E  X  K  I  N  K  A  W  U  J  D  U  X
I  M  V  U  N  U  L  O  H  O  W  G  N  A
I  S  I  B  I  K  I  T  R  I  C  K  J  M
```

I-ACROBAT
IZILWANE
AMABHALONI
ICLOWANE
IMVUNULO
NDLOVU
I-JUGGLER
IBHUBEZI
UMTHETHO

INKAWU
UMCULO
I-PARADE
BONISA
I-SPECTACULAR
ISIBIKI
ITENTE
I-TIGER
TRICK

24 - Restaurant #2

```
Q V U U H U T T F E O E C I
U S A W O T I Z N A L H N I
D H D W A H J L A I E K A K
W F R P D J D B S S H E M X
O E Y M N I Q W B O T H A B
G A T J A M S W I P I K N E
N Y Q A Q D N I R H S I O I
O K U N A N D I H O I S O I
N A F L M Q Y I R L C U D S
I M E I A C I O F Z A C L A
Z A H W Z S Y G W O I L E L
I N K I M I F I N O K H O A
B Z I U B K Y K H C W O X D
N I B I I A P P E T I Z E R
```

I-APPETIZER	AMA-NOODLE
IKHEKHE	ISALAD
ISIHLALO	USAWOTI
OKUNANDI	ISOPHO
AMAQANDA	IZINONGO
INHLANZI	IKHEFU
IFOKO	IMIFINO
ISITHELO	WETA
ICE	AMANZI

25 - Geology

```
I X E U N U H T E W Z I U I
I M T Z Y Y N R E V A C I T
S U I I G I H D W F H O P O
T K T B B O M I C L Y R L W
A U C I H N H C W B L A G A
L G A P I A V A L I P L O S
A U L L G C Y I N A K E S U
G G A A E L W I Q I T S H E
M U T T Y O N Z B U H N R N
I L S E S V T Y J H A P R O
T E V A E I W Y H G E R I Z
E K V U R F O S S I L L T I
S A A M A K H R I S T U I Z
I C A L C I U M R P R F O B
```

I-ACID	I-LAVA
I-CALCIUM	USEKANI
I-CAVERN	IPLATEAU
IZWETHU	I-QUARTZ
I-CORAL	USAWOTI
AMAKHRISTU	STALACTITE
IMIBHAYIBHELI	I-STALAGMITES
UKUGUGULEKA	ITSHE
FOSSIL	I-VOLCANO
I-GEYSER	I-ZONE

26 - House

```
A E J A G J N Z O Z C N I A
I F A S E L E W H H T E E M
I F U N I S H A P F D V R A
I K H I S H I U D O N G A K
N I S I B U K O T K O W L H
A U T H A N G O U E X V H E
J E M O L E Y A H S M U A T
N Q P M Y R A R B I L I H H
I I G A R A J I E S I I P I
I Z I K H I Y E Q I A G U N
I F I R E P L A C E T U O I
D P O I L A M P D Q T M J C
I S H A S H A U U J I B V H
U M N Y A N G O G E C I H J
```

I-ATTIC
UMSHAYELO
AMAKHETHINI
UMNYANGO
UTHANGO
I-FIREPLACE
ISISEKO
IFUNISHA
IGARAJI
INJANI

IZIKHIYE
IKHISHI
I-LAMP
I-LIBRARY
ISIBUKO
UPHAHLA
IGUMBI
ISHASHA
UDONGA
IFASELE

27 - Physics

```
I  N  I  J  N  I  R  A  E  L  C  U  N  I
M  O  T  A  I  P  Y  N  O  C  S  K  M  M
I  I  M  O  L  E  C  U  L  E  T  U  E  I
S  C  H  E  M  I  C  A  L  C  T  D  Y  C
A  L  U  H  K  U  K  U  D  C  I  I  O  A
I  M  A  G  N  E  T  T  I  S  M  N  G  N
U  N  I  V  E  R  S  A  L  K  E  A  I  D
U  K  U  H  L  O  L  A  T  O  Y  G  N  E
Q  C  U  I  F  R  E  Q  U  E  N  C  Y  L
T  J  I  N  O  R  T  C  E  L  E  I  I  A
B  G  X  G  G  F  C  Z  I  W  X  U  W  J
K  S  F  R  A  W  U  Q  L  G  G  S  A  W
A  H  S  E  H  S  U  K  U  A  N  A  J  L
I  F  O  M  U  N  E  C  H  P  I  R  X  T
```

UKUSHESHA	IGAS
I-ATOM	I-MAGNETTISM
CHEMICAL	IMISA
UKUDINA	IMICANDELA
I-ELECTRON	I-MOLECULE
INJINI	I-NUCLEAR
UKUKHULA	INGXENYE
IFOMU	UKUHLOLA
IFREQUENCY	UNIVERSAL

28 - Bathroom

```
O I T O I L E T Z S N A L I
V Y E Q A L V O P O D B P L
M T C G G U R I Y H F V O O
A L U W A H T I S P G T T T
M L A H S A H S I I B Z U I
W F F W Q H B M I S K U H O
I S I P O N G E S N A W B N
T X E S S U E R H I M P E B
V A O T F I F H A R A R W T
V I S I B U K O M W K Z H W
Z W E G F C B U P K H M B U
F T G E F D O Z O K A V A G
J J M Z Q D B U O J O Z M Y
S Y M A E T S I Z N A M A Z
```

GEZA
AMABHWEBHU
I-FAUCET
I-LOTION
ISIBUKO
AMAKHA
I-RUG
ISIKWE

ISHAMPOO
ISHASHA
INSIPHO
ISIPONGE
I-STEAM
I-TOILET
ITHAWULA
AMANZI

29 - Coffee

```
L  B  I  U  E  E  C  I  R  P  R  S  I  W
G  X  U  S  W  P  M  G  U  U  U  W  C  H
O  V  F  H  I  I  M  N  U  C  P  R  A  O
C  H  I  U  G  L  A  U  Y  A  K  U  F  R
K  V  N  K  N  I  E  L  Z  A  T  O  F  I
O  S  E  E  I  Q  R  H  N  F  M  V  E  G
B  K  S  L  Z  U  C  I  D  I  C  A  I  I
U  J  U  A  A  I  I  S  A  I  W  L  N  N
M  M  K  B  G  D  H  I  A  P  F  F  E  U
D  L  E  N  U  A  M  A  N  Z  I  I  H  B
I  H  G  E  K  Y  I  W  D  Z  X  S  Y  I
X  O  W  M  O  L  A  T  G  Y  A  N  N  S
U  H  I  I  Z  I  N  H  L  O  K  O  M  I
F  W  T  J  V  U  O  Q  J  E  A  Q  P  H
```

I-ACIDIC	I-LIQUID
OKUBUYA	UBISI
EMNYAMA	EKUSENI
I-CAFFEINE	ORIGIN
I-CREAM	PRICE
CUP	OKUGAZINGIWE
ISIHLUNGI	USHUKELA
I-FLAVOUR	IZINHLOKO
GYA	AMANZI

30 - Climbing

```
J Q R A I M A P J H X A E F
X W G M I I N E B M I Z M E
A Q R A N H U H T M E M P G
N W B N C T K S I H E M E T
A O A D I A U E U F Y Z X N
L M L L N H H H X M L R L I
D B A A C K A P Z K G J U A
N K M G I M M E P P Z E Q R
I Y I C L U B W V N I P D R
Z O L W L O A H G U R R E E
U I U M O S V C Z B Y K H T
K U K U L U K U L I M K T B
U M U U P H A K A T H I M F
A M A B H U T H U L Q R N X
```

UPHAKATHI	UKUHAMBA
UMKHATHI	UKULIMALA
AMABHUTHU	IMAP
UMGEDE	INCINCI
ILUKULUKU	EMZIMBENI
UCHWEPHESHE	UKUZINDLA
AMAGLOVU	AMANDLA
I-HEMET	TERRAIN

31 - Shapes

```
E N O C I I P R I S M Y E G
K E H Y P N E D G E S S L N
U Y A L H Z O W D C Y U L D
T F L I I A Q G U M U S I U
R U O N R I I S Y C F I P L
I A B D A U O A V O E D S N
A Z R E M E X V R P H E E Z
N E E R I F T X A C K P E U
G M P F D T Y C G L I A I H
L K Y Q I V B P U X A N D E
E G H W G S D B A C W O W E
V Z I C U B E B W O E H M F
A G D T Z Z Z Q X B J K V I
M G N O D U N E L C R I C O
```

I-ARC	I-HYPERBOLA
CIRCLE	UMUGQA
I-CONE	I-OVAL
IKHONA	IPHOYGONI
I-CUBE	I-PRISM
IKHEFU	IPHIRAMIDI
CYLINDER	UXANDE
EDGES	USIDE
ELLIPSE	UTRIANGLE

32 - Scientific Disciplines

```
I   I   I   P   S   Y   C   H   O   L   O   G   Y   V
O   M   M   P   I   F   Y   G   O   L   O   E   G   I
Y   O   I   E   I   J   O   L   O   I   B   I   O   I
G   V   L   N   T   Q   V   B   K   H   M   A   L   A
O   V   I   L   E   E   W   A   U   S   F   N   O   S
L   F   Z   K   Y   R   O   R   Q   P   U   A   I   T
O   K   I   W   H   P   A   R   K   A   R   T   S   R
I   C   T   R   M   E   D   L   O   I   Q   O   Y   O
S   A   Z   O   E   M   M   F   O   L   X   M   H   N
E   U   K   U   D   L   A   I   O   G   O   Y   P   O
N   I   B   O   T   A   N   Y   S   F   Y   G   I   M
I   S   N   E   Y   A   S   I   Y   T   R   N   Y   Y
K   I   E   C   O   L   O   G   Y   M   R   N   O   D
I   I   M   M   U   N   O   L   O   G   Y   Y   U   S
```

I-ANATOMY	IKINESIOLOGY
I-ASTRONOMY	IZILIMI
I-BIOLOJI	I-METEOROLOGY
I-BOTANY	IMINERALOGY
IKHEMISTRY	UKUDLA
I-ECOLOGY	I-PHYSIOLOGY
I-GEOLOGY	I-PSYCHOLOGY
I-IMMUNOLOGY	ISAYENSI

33 - Beauty

```
I  Z  I  M  O  N  Y  O  P  A  D  N  G  U
T  U  Q  Z  O  Y  I  K  H  M  L  L  Y  K
S  I  U  S  Z  K  Q  U  O  A  M  M  L  U
I  S  C  E  N  T  X  B  T  K  Q  S  I  L
L  R  L  W  O  M  S  I  O  H  N  O  P  U
Y  B  H  K  K  R  L  S  G  A  K  O  S  N
T  U  I  I  N  A  H  I  E  W  A  P  T  G
S  I  L  S  I  H  R  B  N  K  U  M  I  I
F  A  A  I  Z  C  L  A  I  W  A  A  C  S
Q  L  D  J  I  I  Z  K  C  D  V  H  K  A
L  A  A  B  M  U  H  K  I  S  I  S  L  U
F  B  F  A  M  A  F  U  T  H  A  I  C  E
I  M  I  K  H  I  Q  I  Z  O  X  M  M  O
L  U  W  F  C  U  R  L  S  U  M  U  S  A
```

I-CHARM	ISIBUKO
UMBALA	AMAFUTHA
IZIMONYO	PHOTOGENIC
CURLS	IMIKHIQIZO
KAHLE	I-SCENT
AMAKHA	ISIKWE
UMUSA	IZINKONZO
LIPSTICK	ISHAMPOO
UKULUNGISA	ISIKHUMBA
MASCARA	STYLIST

34 - Clothes

```
I  Z  I  M  B  A  T  H  U  G  D  M  R  I
U  B  U  C  H  W  E  P  H  E  S  H  E  J
W  B  I  K  E  L  U  L  U  H  B  A  M  A
I  X  Z  A  M  A  G  L  O  V  U  Y  N  K
I  S  E  S  B  W  I  Z  A  J  I  U  A  H
F  I  H  N  I  T  S  X  F  R  A  J  B  E
E  P  B  I  T  R  I  K  I  S  I  L  A  T
S  A  I  M  D  N  C  F  A  U  P  C  Q  H
H  J  Y  X  O  I  A  M  A  K  O  C  G  I
I  A  A  I  R  H  T  E  A  X  A  S  I  T
N  M  H  K  D  G  H  X  J  V  E  K  S  B
I  A  B  C  U  X  U  I  J  U  F  M  I  Z
Q  S  I  S  T  E  L  E  C  A  R  B  I  A
Z  Q  F  F  A  N  O  R  P  A  I  V  O  F
```

I-APRON	UJEAN
IBHAYIBHEZI	UBUCHWEPHESHE
I-BRACELET	I-PAJAMAS
IJAZI	AMABHULULEKI
GCOKAMA	IZIMBATHU
IFESHINI	ISHIDI
AMAGLOVU	ISICATHULO
ISIGQABA	ISIKIRT
IJAKHETHI	

35 - Ethics

```
N I Z N U H T I S I M Q A X
U G Z U E U X F D A S U M U
K R E I B O B M D L E A A U
U A I M T U P F L T U T F K
B D P L P H N Z T R B T Y U
E Z Q L E E O T T I Q R Z H
K V H V N D L M U S K O S L
E C G S W S D A B M P X T U
Z B D T N E L O V E N E O P
E N G E N H L O N I P H O H
L A N A S I B M A B U K U E
A I I F O S O L I F I D F K
I Y K F D I R H F D F E Y A
U B U Q O T H O I E D Z Z W
```

I-ALTRISM
ENEVOLENT
ISIHE
UKUBAMBISANA
ISITHUNZI
UBUNTU
UBUQOTHO

UMUSA
UKUBEKEZELA
IFILOSOFI
UKUHLUPHEKA
NGEMPELA
NGENHLONIPHO
IZITHOMBE

36 - Insects

```
I  J  U  C  U  H  T  U  T  N  I  T  I  C
U  N  B  P  D  U  U  M  O  F  R  E  H  I
L  L  T  Y  S  I  T  N  A  M  U  R  O  B
N  K  G  E  I  A  E  Y  O  W  I  M  R  H
Z  X  L  L  Z  X  W  A  B  V  S  I  N  E
Y  I  Y  E  F  I  B  N  D  Y  I  T  E  T
C  N  P  H  J  X  N  E  A  X  B  E  T  H
I  L  O  Q  B  W  M  Z  E  H  U  U  M  I
A  Z  Y  I  D  Z  K  E  Y  B  N  T  A  F
D  I  H  P  A  I  S  Z  Q  L  G  E  G  G
A  V  R  A  L  I  U  I  I  S  U  F  J  F
L  F  S  L  L  L  A  D  Y  B  U  G  B  L
U  V  A  V  A  N  Y  O  F  F  V  W  V  W
I  N  Y  A  N  G  A  M  U  Z  X  Z  Q  C
```

INTUTHU	I-HORNET
I-APHID	LADYBUG
BEE	I-LARVA
IBHETHI	UMANTIS
UVAVANYO	UMNYANE
CIADA	INYANGA
IQHELE	TERMITE
IZEZE	WASP
INTEZI	ISIBUNGU

37 - Astronomy

```
I I H T E N A L P I S I V I
A C I I U T A B A L H M U A
S O S G M E S P I L C E I S
T S K A L K I I Y A T T T
R M Y L A C M I S X F E P R
O O F A Z O I J N O E O C O
N S N X A R L F O Y L R A N
O W E Y Z U Y W K A A A C A
M I S U P E R N O V A N R U
E T I L L E T A S I U G G T
R O B S E R V A T O R Y T A
I E Q U I N O X A O A N B S
S I Z O D I A C D A O P P I
I A S T E R O I D P U Q U H
```

I-ASTEROID
I-ASTRONAUT
I-ASTRONOMER
UMLAZA
I-COSMOS
UMHLABA
I-ECLIPSE
I-EQUINOX
I-GALAXY
I-METEOR

INYANGA
OBSERVATORY
IPLANETHI
IMISA
ROCKET
I-SATELLITE
I-SKY
I-SOLAR
I-SUPERNOVA
I-ZODIAC

38 - Health and Wellness #2

```
I  I  S  I  S  I  N  D  O  O  Z  Y  I  M
Y  M  O  T  A  N  A  I  G  A  Z  I  S  L
Z  X  O  L  N  O  Y  O  I  Y  I  U  I  R
R  J  C  O  W  X  D  Y  V  A  M  Y  F  F
A  S  G  H  D  D  U  K  I  G  P  P  O  U
I  K  H  A  L  O  R  I  T  U  I  K  D  G
M  A  S  S  A  G  E  T  A  K  L  X  W  V
F  A  L  D  N  A  M  A  M  U  O  J  M  J
A  S  J  D  A  J  C  L  I  Q  L  Y  R  T
Y  N  O  T  U  T  H  Z  N  J  L  A  L  A
V  K  F  Z  I  K  U  K  W  A  L  I  W  A
V  T  A  W  A  L  U  M  A  L  U  K  U  D
U  K  U  Q  I  N  I  S  E  K  A  M  Z  A
U  K  U  T  H  E  L  E  L  A  N  A  B  K
```

UKWALIWA	IMPILO
I-ANATOMY	UKUTHELELANA
UKUDLA	MASSAGE
IGAZI	I-MOOD
IKHALORI	UKULAMULA
UKUGAYA	LALA
ISIFO	UKUQINISEKA
AMANDLA	I-VITAMIN
UFUZO	ISISINDO

39 - Time

```
S  G  K  C  Q  E  E  B  U  S  U  K  U  W
F  Y  E  B  U  K  D  T  P  O  R  C  R  C
N  A  V  R  F  U  I  N  I  M  E  H  P  R
I  G  P  K  I  S  L  R  M  Q  D  O  K  P
K  N  O  A  X  E  I  I  D  E  C  A  D  E
U  A  M  K  W  N  B  U  K  U  S  U  W  A
S  Y  A  A  U  I  M  M  N  E  J  Y  O  I
A  N  D  Y  M  S  A  V  A  Y  N  Q  X  V
S  I  U  N  I  I  H  C  R  N  A  R  K  I
A  S  Z  O  N  Z  P  E  M  I  J  K  Z  K
I  K  E  G  U  O  A  V  S  Q  O  E  A  I
R  R  H  N  T  L  G  S  I  H  S  A  W  I
N  R  X  P  E  O  N  U  L  J  A  O  Q  I
I  H  O  R  A  L  H  U  M  A  N  N  O  N
```

NGONYAKA
NGAPHAMBILI
IWASHI
USUKU
I-DECADE
NGOKUSHESHA
IKUSASA
IHORA
MINUTE
INYANGA

EKUSENI
EBUSUKU
EMINI
MANJE
MADUZE
NAMUHLA
IVIKI
UNYAKA
IZOLO

40 - Buildings

```
A X G M U I D A T S O I I O
C S C X A Y S U I W E C S I
I C I N E M A I G Z O A U S
K N J A P I X O K M L B P I
L T O I T N Y B I O E I H B
U W S G Q G S S H Z L N A H
G Q O R K A S E H U E E M E
S M V U G B A R O B Y L A D
L T E H V A B V S M A T K L
I M U S E U M A T U H S E E
I T E N T E E T E I S A T L
I F E K H I I O L H T C H A
L P A R S Q J R A X N I E Y
Y F G X J T I Y I S I B S T
```

INGABA	IMUSEUM
I-CABIN	OBSERVATORY
I-CASTLE	ISIKOLE
ICINEMA	STADIUM
I-EMBASSY	ISUPHAMAKETHE
IFEKHI	ITENTE
ISIBHEDLELA	INTSHAYELELO
IHHOSTELA	UMBUZO

41 - Gardening

```
U K U N G C O L A O D I G I
A M A H L A H L A K Z S D Z
R H R M Q Q Z G C O B I T I
I B O T A N I C A L I M D M
I E Y Z V O K Q S H A O W B
S E A M I I J K Y I M S I A
I H L P T M O L I Z A E I L
T F E D Y E B U D I N Z K I
H F L A O S U E M W Z U H K
O K D K J O U Q W H I L E W
M S U U Q H N N U U L U F Q
B P K S N I T E T O K A U I
E C O M P O S T B P B L B S
Q H U U D E U E X O T I C A
```

I-BOTANICAL   AMAHLAHLA
I-BOUQUET   I-HOSE
ISIMO SEZULU   IKHEFU
COMPOST   UMSUKA
ISITHOMBE   IMBEWU
UKUNGCOLA   UMHLABA
OKUDLELAYO   IZIHLOKO
EXOTIC   AMANZI
IZIMBALI

42 - Herbalism

```
O B A R U O V A L F I Z S S
S K Z I O I C U L I N A R Y
V R U N C S U O R E G A N O
I E Z L H Y E L S R A P I P
O D A Z U C S M I N J A N I
L E Y I G H P D A L A H S T
I V I X W K L U H R V L M I
S A N O R F F A S I Y I A S
A L R G O T K T Z T A M R I
B I E O J R P J J A Q B J T
X T N I M I P Q I C N A O H
V N N O G A R R A T I L R A
L E N N E F I Z W P J I A K
U G A L I K I C W G H X M O
```

I-AROMAIC   ISITHAKO
BASIL   I-LAVEDER
IYAZUZA   MARJORAM
I-CULINARY   I-MINT
I-FENNEL   U-OREGANO
I-FLAVOUR   I-PARSLEY
IMBALI   TSHALA
INJANI   ROSEMARY
UGALIKI   I-SAFFRON
OKULUHLAZA   I-TARRAGON

43 - Vehicles

```
I U U M I I S R I I O X H C
S T N O C A H O N L T Y T A
I A Y T A M U C J I O A Y L
K L A O R B T K I H M Y X X
E A Z R A U T E N B I A K I
B K I Q V L L T I I V H J H
H T L S A A E I O Y X T U I
E A W I N N H R P A T A Q H
E V E B N C V A Y H V M Q J
Y K Z H N E K F C B G A V X
V V U A L O H T I I M X X Y
S T L S I N D I Z A X V E V
T Q U I L E H B I Y A H B I
I S I T H U T H A A N H M T
```

INDIZA

I-AMBULANCE

IBHAYIBHILI

IBHASI

IMOTO

I-CARAVAN

INJINI

ISIKEBHE

IBHAYIBHELI

MOTOR

I-RAFT

ROCKET

ISITHUTHA

SHUTTLE

UNYAZILWEZULU

I-TAXI

AMATHAYA

UTALAKTA

ITHOLA

44 - Flowers

```
E N I M S A J U Y P P O P I
W L C M E H A G N A L I I I
V W L Z Y H L F O I A R M G
X W O D S H U S E O Q B A A
A R V S I D D T P R C I G R
I E E Z A P N B I C P I N D
R D R I D V E O B H U T O E
E E A J U F L T K I W B L N
M V N F J W A W A D W O I I
U A S V F S C H A L B M A A
L L S T N O I L E D N A D I
P I S B F Y D T U L I P B A
T E U Q U O B I D Q C B H R
N E D D F E Q Y L Y V O C L
```

I-BOUQUET	I-MAGNOLIA
I-CALENDULA	I-ORCHID
I-CLOVER	I-PEONY
I-DAFFODIL	I-PETAL
DAISY	PLUMERIA
I-DANDELION	I-POPPY
IGARDENIA	ILANGA
UJASMINE	TULIP
I-LAVEDER	

45 - Health and Wellness #1

```
H D O M C I U J D T R I R U
K A B M U H K I S I Y S E K
I B Z E N A W I C G I A F U
U M U T H I E L N U H M L P
O A A K Q G L I X I H E E H
B K B K M D A M N K L H X U
M U U K U U S H V D M K W M
A L H S O D H Z R Q L I U U
H H K U E A W O G C T A K L
T U M F D B A R L K P X L A
A K U H U W E H Q N A A P A
M U K A B A D N I Z I N G R
A X X Z U H L M Z F Y K Q N
I M I S I P H A H A J Y I N
```

OKUSEBENZA
AMATHAMBO
UKLINIKI
UKUHLUKA
UMKHUBA
UBUDE
INDLALA
UMUTHI

IMISIPHA
IZINDABA
IKHEMASI
REFLEX
UKUPHUMULA
ISIKHUMBA
UKWELASHWA
IGCIWANE

46 - Town

```
S E H T E K A M A H P U S I
T I N T S H A Y E L E L O G
A S Q Z C U K L I N I K I A
D I S I T O L O O Z I P J L
I I F L O R I S T D E T E A
U I B H A K A S H I G Q T R
M K G D I S E V U Y N I I I
E A I Q S I C W U I A T L S
J M W Q I Y C I W P H R I A
I H T E K A M I J R B B B M
A L E T O H H I N A I O R E
G Z E Q L A U B F E M Y A H
Q N M U E S U M I E M C R K
G Y O G F Z D H D G J A Y I
```

IBHAKASHI	IMUSEUM
IBHANGE	IKHEMASI
ICINEMA	ISIKOLE
UKLINIKI	STADIUM
I-FLORIST	ISITOLO
IGALARI	ISUPHAMAKETHE
IHHOTELA	INTSHAYELELO
I-LIBRARY	INYUVESI
IMAKETHI	I-ZOO

47 - Antarctica

```
Y  G  L  R  J  W  A  M  A  N  Z  I  A  I
V  E  Q  I  Z  I  Q  H  I  N  G  A  M  S
I  P  E  N  I  N  S  U  L  A  B  V  A  A
I  T  E  M  P  E  R  A  T  U  R  E  P  Y
L  G  U  K  U  F  U  D  U  K  A  U  E  E
O  V  L  I  B  A  Y  W  B  K  U  K  N  N
L  I  U  A  V  M  K  X  S  V  J  U  G  S
H  C  D  U  C  H  C  P  M  F  N  G  U  I
M  E  E  Q  B  E  O  M  I  Z  E  C  I  A
U  O  Z  I  F  A  R  G  O  E  G  I  N  M
U  H  A  M  B  O  I  S  I  M  N  N  U  A
I  Z  W  E  T  H  U  M  L  H  S  W  M  F
I  T  O  P  O  G  R  A  P  H  Y  A  K  U
I  B  J  I  Z  I  N  Y  O  N  I  E  Q  J
```

I-BAY	IZIQHINGA
IZINYONI	UKUFUDUKA
AMAFU	AMAPENGUIN
UKUGCINWA	IPENINSULA
IZWETHU	UMHLOLI
EZIMO	I-ROCKY
UHAMBO	ISAYENSI
IGEOGRAFI	TEMPERATURE
I-GLACERS	I-TOPOGRAPHY
ICE	AMANZI

48 - Ballet

```
D U G O K U V E L A Y O M R
L T W P B I S I T H O M B E
G O K U K C G Q M G T V A P
D U G A A P A A I C X B Y Z
S A R T S E H C R O I M K E
I S D A B A N I R E L A B I
U S V S O S A G E C E M S X
F M I G I U L E S I M A T G
G U C G Q M E J O T A N A R
I R C U Q U L V P C H D Y Z
K Q L B L I D K M A T L E Y
S E O C Y O N Q O R I A L P
A R T I S T I C C P Z L A U
I M I S I P H A C W I W M V
```

ARTISTIC	AMANDLA
IZITHAMELI	IMISIPHA
I-BALERINA	UMCULO
COMPOSER	I-ORCHESTRA
ABADSI	PRACTICE
OKUVELAYO	ISIGQI
ISITHOMBE	STAYELA
UMUSA	INDLELA

49 - Fashion

```
S  I  C  I  T  R  E  N  D  X  M  I  O  U
Y  T  Y  O  B  U  G  N  I  Z  I  Z  K  K
R  X  A  A  N  P  C  M  Z  T  N  I  W  U
E  F  A  Y  B  A  C  N  I  E  I  T  E  B
D  S  F  M  E  I  V  D  L  N  M  H  S  U
I  U  N  E  Y  L  Z  P  I  B  A  O  I  K
O  P  M  H  P  I  A  A  N  O  L  M  Z  E
R  L  A  K  A  H  L  E  G  U  I  B  U  K
B  V  T  T  P  N  X  J  A  T  S  E  L  A
M  A  V  L  T  X  U  R  N  I  T  N  U  U
E  N  R  Q  H  E  C  T  I  Q  K  M  Q  F
I  L  A  C  E  X  R  N  S  U  W  M  F  K
O  K  U  L  U  L  A  N  O  E  S  L  C  B
O  K  U  S  E  B  E  N  Z  A  L  F  M  U
```

BOUTIQUE	OKWESIZULU
IZINGUBO	IZITHOMBE
KAHLE	I-PATTERN
EMBROIDERY	OKUSEBENZA
IYABIZA	OKULULA
I-LACE	STAYELA
IZILINGANISO	UKUBUKEKA
MINIMALIST	I-TREND

50 - Human Body

```
I  I  I  Z  A  G  I  N  V  U  N  Y  V  Z
N  G  P  K  L  P  C  X  N  M  U  I  G  P
D  A  W  I  H  M  R  S  E  L  Z  X  X  I
L  M  G  D  P  A  S  U  V  E  L  I  S  I
E  B  A  O  M  O  L  M  U  N  U  H  U  I
B  A  I  M  H  J  R  A  J  Z  M  I  B  N
E  D  I  U  A  J  W  L  A  E  U  G  U  H
F  N  V  H  G  T  L  D  W  I  N  C  C  L
I  A  N  K  L  E  H  N  U  Q  W  O  H  I
P  H  X  G  H  A  O  A  T  Q  E  K  O  Z
I  K  M  L  Z  V  L  S  M  D  Y  A  P  I
Z  I  K  M  L  W  K  I  W  B  P  M  H  Y
U  B  U  S  O  L  O  D  U  P  O  A  O  O
I  N  D  O  L  O  L  W  A  N  E  B  C  I
```

I-ANKLE	IKHANDA
IGAZI	INHLIZIYO
AMATHAMBO	UJAWU
UBUCHOPHO	UDOLO
ISILEVU	UMLENZE
INDLEBE	UMLOMO
INDOLOLWANE	IGCOKAMA
UBUSO	IKHALA
UMUNWE	IGAMBA
ISANDLA	

51 - Musical Instruments

```
N I L O D N A M I I V V A H
W U Q X J D M N E H K F K A
I T A M B O U I N E A F T R
I F K C S H R L O T C R K M
P B N X G L D O H U E I P O
E I A O Q I I I P L L P K N
R C D S P V S V O F L I T I
C I N S S B V I X U O A C C
U L X D G O U R A X J N W A
S O Q C O H O C S K N O S I
S N S O L T E N I R A L C I
I G Z B K I O I A A B C O U
O O X K Z O B I G O N G O C
N K F Z E N O B M O R T I L
```

BANJO
I-BASSOON
CELLO
I-CLARINET
IDRUM
UFLUTE
IGONGO
ISIGCA
HARMONICA
I-HARP

I-MANDOLIN
OBOE
PERCUSSION
IPIANO
I-SAXOPHONE
I-TAMBOUINE
I-TROMBONE
ICILONGO
I-VIOLIN

52 - Cooking Tools

```
C  I  I  X  Y  E  S  F  U  O  K  O  F  I
X  U  S  I  K  E  T  T  L  E  U  J  F  T
C  C  T  I  N  E  W  R  U  S  H  P  S  H
U  K  Y  L  Q  J  Z  C  V  E  H  O  J  E
J  K  O  M  E  I  S  B  O  M  O  Y  Z  R
R  F  Q  Y  Z  R  N  Q  T  M  V  N  V  M
E  R  A  I  T  P  Y  I  I  U  I  I  Y  O
T  D  I  Z  B  R  E  B  S  F  S  V  V  M
R  E  D  N  A  L  O  C  I  E  I  I  U  E
G  O  P  B  R  L  E  J  C  H  K  V  R  T
I  I  S  I  K  W  E  N  C  K  C  I  P  E
I  S  P  A  T  U  L  A  D  I  V  S  S  R
I  J  U  I  C  E  R  D  O  E  N  I  L  O
I  T  O  A  S  T  E  R  Z  Z  R  D  A  A
```

I-BLENDER   UHHOVISI
I-COLANDER   ISIQINISEKISO
CUTLERY   ISIKWE
IFOKO   I-SPATULA
I-GRTER   IKHEFU
I-JUICER   ISITOVU
I KETTLE   I-THERMOMETER
UMMESE   I-TOASTER
ISIVIVINYO

53 - Fruit

```
U K W A T A P H E Y A Q I T
I N E C T A R I N E C Z A U
I W O L I N T S H I I X P C
U K H U K H U N A T H I U W
I E I M A N G O H B G D L X
S A N U M A L I I E L I A U
I S O K I L I H B I V W F C
H B L D X J I I P I L I G I
S I E G L K M R Z K Z K U G
T S M R W W X B Q Z H I V U
N K I N R I P A P A Y A T A
E B T G Y Y B Y Q H Q U M V
P B L A C K B E R R Y E X A
I I P H E Y A N A N A H B I
```

I-APULA	IKIWI
IBHILIKOSI	ILAMUNA
UKWATAPHEYA	I-MANGO
IBHANANA	I-MELON
IBERRY	I-NECTARINE
BLACKBERRY	IWOLINTSHI
UKHUKHUNATHI	I-PAPAYA
I-FIG	IPENTSHISI
IGILIPI	IPHEYA
I-GUAVA	

54 - Engineering

```
U A B G Z I I A X I S H U I
L K H P O A L D N A M A K P
A I U I B W L E X X I M U R
W N M S P N L F V P M V J O
V J O I A X D S B E G T U P
I I T Z O B O N M C R Y L U
S N O I M M A U K H C S A L
I I R D Z F G L M Z T S T S
Y L C U A L G T A L K R J I
I W I F R I C T I O N I C O
G F P Q I D I A G R A M Z N
A M T Y U I Z I B A L O Y N
M T K N K I U M S H I N I C
A X F E A L D N I Z U K U B
```

I-AXIS	FRICTION
IZIBALO	AMAGIYISI
UKUJULA	I-LEVERS
I-DIAGRAM	I-LIQUID
UDIZISI	UMSHINI
UKUSABALA	MOTOR
AMANDLA	I PROPULSION
INJINI	UKUZINDLA

55 - Kitchen

```
U K U D L A O N I K P A N I
I S I Q I N I S E K I S O F
H E G N O P I S I D C M R R
P W O K O F I Z I D O Q P E
I U F E H K I Z I V D I A R
S I C V P I D H Q N O V I Z
E I Z I N G W A Z I D H Y E
R U B S J U K U H B I E H R
I O S N Q J P T K Y H C B U
G K Q V G I L A X L L X B E
I I Z I N O N G O U L Y Y W
L I K E T T L E S E M I M I
I T M P J D P R F R G K O D
F Q C M C S I J J H P V P D
```

I-APRON	I-KETTLE
IBHUKU	IMIMESE
IZINGWAZI	I-NAPKIN
IZINDEBE	UHHOVISI
UKUDLA	IRESIPHI
IZIFOKO	ISIQINISEKISO
I-FRERZER	IZINONGO
IGILI	ISIPONGE
I-JUG	IZIKHEFU

56 - Government

```
I N K U L U L E K O Q P Q K
U K U L I N G A N A C J R X
I A M A N D L A U Z I M U U
N I N K U L U M O Z E U B C
G I O Z M E A D N U F I S I
X I C I V I L S I K V Z X S
O T A S I G N U L U B U L A
X N S I N Q J I L O H M U R
O E D Q X I J A J A M A T K
A M A L U N G E L O H H X O
N U E Z E P O L I T I K I M
P N I S Y M B O L U Y A K E
L O H T E H T M U I B S Z D
Q M K V O E Q M E W Z I S I
```

ISAKHAMUZI
I-CIVIL
IDEMOKRASI
INGXOXO
ISIFUNDA
UKULINGANA
UZIMU
AMAJAJI
UBULUNGISA
UMTHETHO

UMHOLI
INKULULEKO
MONUMENT
ISIZWE
EZEPOLITIKI
AMANDLA
AMALUNGELO
INKULUMO
I-SYMBOL

57 - Art Supplies

```
W  A  A  A  I  R  Y  B  A  E  N  S  Q  S
W  M  S  M  M  Q  C  I  M  W  U  A  N  W
U  A  I  A  I  A  V  M  A  K  S  L  P  G
I  N  I  F  B  I  A  E  K  E  L  B  G  X
S  Z  N  U  O  D  M  A  H  P  E  H  P  I
I  I  K  T  N  N  A  R  R  L  T  O  Z  E
H  X  S  H  O  H  B  E  A  U  S  S  P  R
L  Y  V  A  B  Z  R  M  Y  M  A  L  A  A
A  X  P  X  Y  D  H  A  O  R  P  V  C  S
L  E  R  R  X  Q  I  H  N  W  I  V  Y  E
O  A  F  W  G  O  S  K  I  O  E  C  U  R
I  E  A  S  E  L  H  I  T  A  F  U  L  A
N  E  M  E  B  C  I  L  Y  R  C  A  I  E
U  B  U  M  B  A  L  A  D  U  B  U  J  L
```

I-ACRYLIC	IGLUE
AMABRHISHI	IMIBONO
IKHAMERA	INK
ISIHLALO	AMAFUTHA
UBUMBA	IPHEPHA
AMAKHRAYONI	I-PASTELS
UBUDALA	ITAFULA
I-EASEL	AMANZI
I-ERASER	

58 - Science Fiction

```
U K U Q H U B E K A A T I U
A I P O T U T R U M M P Z M
Y X A L A G I K C E A G I L
D O X T P O J E A N K C N I
Z A I P O T S Y D I H A C L
N B D M Z M G N L C E B W O
F A L W H Q I Y C I M A A Y
I O R A C L E C U M I N D Y
I P L A N E T H I E K G I U
I F A N T A S T I C H A E C
O A I H T O H B O R A M A H
I V Q T R N O I S U L L I I
A M A N O V E L I J I B U Q
I C L O N E S U M H L A B A
```

I-ATOMIC   I-GALAXY
IZINCWADI   I-ILLUSION
AMAKHEMIKHALI   CABANGA
ICINEMA   AMANOVELI
I-CLONES   I-ORACLE
I-DYSTOPIA   IPLANETHI
UKUQHUBEKA   AMAROBHOTHI
I-FANTASTIC   UTOPIA
UMLILO   UMHLABA

59 - Geometry

```
D O I R E T E M A I D I C I
I R E H T I L Q A S I M I Z
M W D N E K S P U Z J K R I
E P H A M B I L I A V J C B
N S A E L G N A I R T U L A
S I W L I M I D I A N I E L
I I P R O P O R T I O N O O
O U L A T N O Z I R O H I N
N U B O U M H L A B A O W E
N D W U G S E G M E N T O Z
D Y A V D I I K H E F U T G
F J I A H E C O K U M I L E
P E R P E N D I C U L A R I
T L K H S Y M M E T R Y G S
```

IZIBALO	IMIDIAN
CIRCLE	PHAMBILI
IKHEFU	PERPENDICULAR
I-DIAMETER	I-PROPORTION
DIMENSION	SEGMENT
EQUATION	UMHLABA
UBUDE	SYMMETRY
I-HORIZONTAL	ITHERI
LOGIC	UTRIANGLE
IMISA	OKUMILE

60 - Airplanes

```
U S R R T C L U U F U E L U
I Z I G I G A B A B O L F M
I I I H T A K A H P U D B G
B H I N X S J Y A F S D K I
H Y D K J W H O I O E Y E J
U D I T X I B M H S Q Z U I
N R R S M U N T F K F M M M
I O E O M A T I A Q P Y L I
C J C U K W A K H I W A A D
E E T F C Y Z O K Y N S N S
J N I Q H N L N M B G Y D C
K I O A L A L H U K U Y O E
G J N W L L H G A B E I S N
R M E X Y K G D B V I V T T
```

IZIGIGABA
UMOYA
UPHAKATHI
UMKHATHI
IBHUNI
UKWAKHIWA
DSCENT
KLANYWA
I-DIRECTION

INJINI
FUEL
UBUDE
UMLANDO
I-HYDROJENI
UKUHLALA
UMGIJIMI
I-SKY

61 - Ocean

```
U  I  I  J  E  L  L  Y  F  I  S  H  I  I
S  N  I  H  P  L  O  D  U  A  L  O  S  S
A  G  I  S  H  R  I  M  P  W  C  A  I  I
W  W  J  I  N  H  L  A  N  Z  I  P  V  K
O  A  Z  A  M  A  N  U  T  T  S  X  U  E
T  N  M  K  U  L  W  A  N  D  L  E  N  B
I  E  C  J  D  U  A  E  C  W  I  G  G  H
U  I  R  E  E  F  D  R  Q  X  E  N  U  E
F  A  O  D  S  Q  A  O  O  Q  E  O  V  S
U  D  V  E  S  N  K  U  T  C  L  P  U  M
D  T  U  Q  E  L  A  H  W  I  I  I  N  Q
U  U  K  V  Q  R  H  F  H  W  G  S  G  N
G  P  R  Y  K  P  S  U  U  M  G  I  U  R
D  O  W  W  Q  W  U  K  H  W  A  T  H  U
```

ISIKEBHE	USAWOTI
I-CORAL	ULWANDLE
UDOTI	USHAKA
UDOLPHIN	I-SHRIMP
I-EEL	ISIPONGE
INHLANZI	ISIVUNGUVUNGU
IJELLYFISH	TUNA
INGWANE	UFUDU
UKHWATHU	AMAZA
I-REEF	I-WHALE

62 - Force and Gravity

```
U  K  U  K  H  U  L  A  P  T  S  T  J  B
F  U  R  U  L  E  R  T  N  E  C  Z  N  O
A  M  A  P  L  A  N  E  T  H  I  C  I  O
I  M  I  C  A  N  D  E  L  A  S  O  D  Y
I  U  H  F  L  A  I  S  X  X  Y  A  E  N
D  N  T  R  H  U  S  U  Z  Y  H  Q  C  I
Y  I  A  I  A  K  I  L  O  G  P  E  N  V
N  V  H  C  P  U  S  U  C  S  I  X  A  I
A  E  K  T  M  T  I  H  M  A  V  U  T  V
M  R  I  I  I  H  N  K  B  Z  P  P  S  I
I  S  S  O  Z  O  D  U  D  B  I  G  I  S
C  A  I  N  I  L  O  B  M  O  A  M  D  I
W  L  U  B  E  A  X  U  A  U  V  R  B  C
I  M  A  G  N  E  T  T  I  S  M  Y  U  A
```

I-AXIS	IMICANDELA
CENTRE	UMZIMBA
UKUTHOLA	I-PHYSICS
DISTANCE	AMAPLANETHI
I-DYNAMIC	IZIMPAHLA
UKUKHULA	ISIVIVINYO
FRICTION	ISIKHATHI
I-MAGNETTISM	UNIVERSAL
UBUKHULU	ISISINDO

63 - Birds

```
Y W X S X Y C Z I I B T I T
I D A D A C A K C G U O P E
I S P A R R O W U W K U E P
U I K G A K G A C E H C N R
P W E C N E N H K B O A G Z
H G I G Z U I X O A Z N U N
I B H H G Y M E O T I I I A
K S E U Y N A W S I P H N C
H P R M P P L Y R A N A C I
O Q O A H H F Z S U A N H L
S O N Q N V A K R O T S V E
I I N T S H E L L U G I D P
G F L J J H J Y I R M W V I
T M D V K C X A I M Q U Z N
```

I-CANARY	I-HERON
IGWEBA	INTSHE
I-CUCKOO	UPHALI
IDADA	UPHIKHOSI
UKHOZI	PELICAN
I-EGG	I-PENGUIN
FLAMINGO	I-SPARROW
IHANSI	STORK
I-GULL	I-SWAN
HAWK	TOUCAN

64 - Art

```
C  V  I  Z  Z  I  F  U  I  O  I  I  K
E  S  B  V  R  U  O  M  M  K  Z  S  U
R  Q  M  H  M  G  S  F  I  O  I  I  G
A  Q  I  N  C  Q  V  A  P  K  N  V  R  Q
M  U  K  G  O  A  Y  N  E  U  K  I  R  U
I  A  N  O  C  I  A  E  N  Q  O  V  E  G
C  L  I  H  Y  C  T  K  D  A  N  I  A  Q
S  U  B  J  E  C  T  I  I  L  D  N  L  U
F  L  M  D  B  K  T  S  S  A  L  Y  I  Z
L  U  I  O  A  U  F  O  T  O  O  O  S  E
I  K  K  O  L  L  N  B  J  L  P  V  M  L
N  O  N  M  S  I  A  O  N  T  G  M  H  W
N  G  I  I  I  S  Y  M  B  O  L  T  O  E
I  S  I  C  W  A  N  G  C  I  S  O  P  C
```

CERAMIC	OKOKUQALA
INKIMBINKIMBI	IMIPENDI
COMPOSITION	IZINKONDLO
DALA	ISICWANGCISO
ISIVIVINYO	OKULULA
UMFANEKISO	SUBJECT
KUGQUGQUZELWE	I-SURREALISM
I-MOOD	I-SYMBOL

65 - Nutrition

```
I  Z  I  Q  I  N  I  S  E  K  I  S  O  K
O  V  X  Q  X  U  I  F  U  K  U  D  L  A
N  K  E  Y  S  K  K  M  I  U  R  T  N  U
J  I  U  J  P  D  P  U  P  C  X  E  O  K
S  N  I  B  E  V  N  O  B  I  O  E  A  U
I  U  Z  A  U  Z  I  Y  U  I  L  B  Y  G
F  T  I  J  Y  Y  M  A  B  P  L  O  T  A
L  R  T  U  I  G  A  L  U  F  Z  E  I  Y
A  I  H  H  J  C  T  E  T  O  O  C  L  A
V  E  O  U  B  T  I  L  H  U  N  U  A  A
O  N  M  W  A  K  V  D  I  V  X  A  U  W
U  T  B  H  W  L  I  U  N  K  D  S  Q  T
R  O  E  A  B  U  H  K  I  M  I  I  I  F
A  M  A  K  H  A  L  O  R  I  M  W  W  Y
```

OKUBUYA	IMIKHUBA
AMAKHALORI	IMPILO
IZITHOMBE	IZIQINISEKISO
UKUDLA	I-NUTRIENT
UKUGAYA	IQUALITY
OKUDLELAYO	I-SAUCE
UKUBILELA	UBUTHINI
I-FLAVOUR	I-VITAMIN

66 - Hiking

```
A C G Z Y B D Z O M A U K H
M P F Q O O A V T L R Y L S
A I A A U H T U H B A M A E
T W O M U W F A B F X I
S I L A I I Z I L W A N E S
H L E N T L P Q T C T A L I
E D V Z H H A L F G N M E M
I C M I Z O G N I Z I A H O
Y J I K H U I X G V G P T S
I S U M M I T C X A T H A E
W J Q Y L F M G L R M A H Z
Z D I X H U D Z N I Y K K U
K U N Z I M A S M H F I U L
U Q Q T T F W L M Q U F D U
```

IZILWANE	UMUMO
AMABHUTHU	AMAPHAKI
I-CLIFF	AMATSHE
ISIMO SEZULU	I-SUMMIT
IZINGOZI	ILANGA
KUNZIMA	UKHATHELE
IMAP	AMANZI
INTABA	I-WILD
IMVELO	

67 - Professions #1

```
X U U M D A N S I Q T K U I
E M U U M Q E Q E S H I M B
Y C P M I N X U S W A L H A
R U P L M P Z Q F S R E L N
E L E J U E S Y W J A L E K
I I H D R M L F H L D H N E
S Q L D J S B I M L H M G R
O A T H I S N E Y A S I I I
L I J W E L E R R B S I K H
I C A R T O G R A P E R A U
T U M P I A N I E S P R Z N
I J R E M O N O R T S A I T
I S A Z I N G Q O N D O L E
U Q U D O K O T E L A L S R
```

INXUSWA	HUNTER
I-ASTRONOMER	IJWELER
UMMELI	UMCULI
I-BANKER	UMHLENGIKAZI
I-CARTOGRAPER	UMPIANI
UMQEQESHI	PLUMBER
UMDANSI	ISAZI NGQONDO
UDOKOTELA	ITILOSI
MHLELI	ISAYENSI

68 - Barbecues

```
I Q A L D U K U O K U K U L
H X R R T H P A Q O U N S R
I M I F I N O E D E E A A O
I N D L A L A C L W M M W I
O B O L H I W U O E J I O G
K C Y B S E K A P P K T I
U O M G F N M S O E S E I L
S D L V Q S O I F E A N L I
H N U A N Y A N I S I A I E
I A Q N L V U E Z E B G R Q
S H R Q I D F D I M G N J M
A T L D I P I N L I N A J E
Y U T T V M P M R M X B S X
O U M C U L O U I I N A E Q
```

UMNDENI
UKUDLA
IZIFOKO
ABANGANE
IMIDLALO
IGILI
OKUSHISAYO
INDLALA
IMIMESE

UMCULO
U-ANYANISI
UPELEPELE
USAWOTI
I-SAUCE
IHLOBO
UTHANDO
IMIFINO

69 - Chocolate

```
U K U N A M B I S A O G Q I
K K G X K H T B V C S G H A
A L E K U H S U K C X B I N
Y P N O E X O T I C I P F T
U K H U K H U N A T H I L I
B R I D N A N U K O P R A O
U M X C I F H B R J I O V X
K T T O D N A T N I S L O I
O G Z S N J M I I D E A U D
U K U H A M B A W S R H R A
S O P D N C G E W V I K W N
E C W W M I C A C A O A P T
K R I L E M A R A C I M P Z
E B V I Q U A L I T Y A M P
```

I-ANTIOXIDANT
OKUBUYA
I-CACAO
AMAKHALORI
I-CARAMEL
UKHUKHUNATHI
UKUHAMBA
OKUNANDI
EXOTIC

INTANDO
I-FLAVOUR
ISITHAKO
IQUALITY
IRESIPHI
USHUKELA
EMNANDI
UKUNAMBISA

70 - Vegetables

```
I  G  U  I  A  R  T  I  C  H  O  K  E  K
T  J  I  A  I  S  I  P  I  N  A  S  H  I
H  U  J  B  N  Z  W  N  D  U  I  W  E  U
A  T  I  A  I  Y  M  S  L  J  D  Y  N  K
N  Q  M  L  K  R  A  I  P  E  A  K  A  H
G  Y  B  H  I  P  A  N  P  F  L  O  B  O
A  E  U  M  G  P  S  D  I  V  A  I  M  L
O  L  V  U  N  W  Z  B  I  N  S  M  A  I
I  S  A  Q  A  T  H  E  L  S  I  P  Z  F
X  R  G  I  P  J  D  E  W  O  H  K  I  U
V  A  N  I  K  H  U  K  H  A  M  B  A  L
U  P  I  U  G  A  L  I  K  I  D  A  R  A
I  I  J  H  I  B  R  O  C  C  O  L  I  W
J  T  U  I  C  E  L  E  R  Y  Y  E  I  A
```

I-ARTICHOKE	U-ANYANINI
I-BROCCOLI	I-PARSLEY
ISAQATHE	I-PEA
UKHOLIFULAWA	IZAMBANE
I-CELERY	ITHANGA
IKHUKHAMBA	I-RADISH
UGALIKI	ISALAD
UJINGA	ISIPINASHI
IKHOWE	IJIMBU
UMHLABA	

71 - The Media

```
U W W Y R T S U D N I I I
R M T Y I R U K A D N Z Z D
H Z B I K E M U N A E I I I
F V U O S Z S X O Z T T N G
N N E D N L A H W O H H D I
E Z I N J O K U I R W O A T
E M L U S Y A M C L I M B A
T B M F X D Z A C Q K B A L
H W O M G N O N H N I E O Z
A G L I I H T A K A H P M U
L E D I T I O N I N D A W O
K U I N T H A N E T H I X C
I Z I K H A N G I S O E Q L
M J S R E Z E N G Q O N D O
```

IZIKHANGISO
UKUXHUMANA
I-DIGITAL
EDITION
IMFUNDO
INDUSTRY
EZENGQONDO
INDAWO

INETHWIKI
IZINDABA
KU-INTHANETHI
UMBONO
IZITHOMBE
UMPHAKATHI
UMSAKAZO

72 - Boats

```
T I N I J N I I M K T I U G
X K T H C R P C X A H T M A
L W T I W A T A Z A M A F S
Y H S D D S V N N K N J U Y
I R A F T E T O N S O L L C
S P M D E H B E K I S I A T
O X I S I K H I B H A N A X
L U L W A N D L E I D O C K
I A N C H O R I N T A M B O
T A B A S E B E N Z I T K S
I Y U H B I Y A C H T G A H
X A Y I N A U T I C A L Y L
N N Y U X R H T L M E M A N
I C H I B I W D N K Z B K Y
```

I-ANCHOR	I-NAUTICAL
IBHUYI	I-RAFT
I-CANOE	UMFULA
ABASEBENZI	INTAMBO
IDOCK	ISIKHIBHANA
INJINI	ITILOSI
ISIKEBHE	ULWANDLE
KAYAK	I-TIDE
ICHIBI	AMAZA
I-MAST	YACHT

73 - Driving

```
I J A R A G I U G C T U A I
T D X O O P S X O R E K M S
H R A T O Q A W G M U U A I
O F H O N V H M T S I P B T
L I T M V S B F I C I H R H
A L U T V H I O W Q F E E U
I A H M T R A F F I C P K T
M Y T T S G E B I H I H I
O I U U A H S P T N W A F U
T S K N G Q A X O J G Q L T
O E O N I L Q Y V O A O Q H
J N Z E H F O P E J W B Z U
K S E L T X F F U L E U F I
I E C O Y N I V I V I S I V
```

AMABREKI

IBHASI

IMOTO

INGOZI

UMSHAYELI

FUEL

IGARAJI

IGAS

ILAYISENSE

IMAP

MOTOR

ISITHUTHUTHU

UKUPHEPHA

ISIVIVINYO

UMGWAQO

TRAFFIC

EZOKUTHUTHA

ITHOLA

TUNNEL

74 - Emotions

```
W M A L U M U H P U K U V M
A S U M U S U K W E S A B A
V N I H X D I Q Q U T R R I
M J E V L F A Z O K O H T N
W V U L P J X B I I Z P C T
D Z G T I H E F U B C E C U
I I L E N S G N K A T U E K
N N E W H T E K U Q U K O U
O L J R D Z X K D M R U D T
L H X A S M J B I D P D N H
H T M T B E V V S L T W A E
A L U H T U K U I N E E H L
M J P O H I L C Z X F L T O
A A Z F M G C O W I J A U P
```

INTUKUTHELO   UMUSA
THOKOZA   UTHANDO
ISIDUKU   UKUTHULA
OKUQUKETHWE   UKUPHUMULA
AMAHLONI   USIZI
UKWESABA   ANELISEKILE
INJABULO   UKUDWELA

75 - Mythology

```
I  U  F  L  B  I  T  A  F  U  K  U  Z  I
I  Z  K  B  H  I  Z  O  M  U  D  U  K  U
S  V  U  U  S  F  S  A  I  A  B  N  S  J
I  A  U  L  Z  I  A  B  S  R  N  R  V  A
K  N  B  F  U  I  P  Y  V  V  D  D  A  X
O  Q  N  D  N  J  P  X  T  K  D  X  L  W
G  L  E  P  Y  T  E  H  C  R  A  I  C  A
U  N  Y  A  Z  I  Z  L  A  N  O  M  U  I
Y  F  O  I  N  D  A  L  O  T  B  F  J  L
I  L  A  B  Y  R  I  N  T  H  H  R  I  E
A  M  A  D  E  I  T  I  E  S  T  A  S  G
U  T  E  L  E  L  E  K  E  L  H  N  I  E
U  K  U  N  G  A  F  I  I  P  N  L  L  N
I  S  I  D  A  L  W  A  H  O  J  B  O  D
```

I-ARCHETYPE	UMONA
UKUZIPHATHA	I-LABYRINTH
INDALO	I-LEGEND
ISIDALWA	UNYAZI
ISIKO	ISILO
AMADEITIES	UKUFA
INHLEKELELE	AMANDLA
IZULU	UKUDUMO
UKUNGAFI	

76 - Hair Types

```
U O L I P M I Y J I U W I O
U A K U B A L H A P M I F K
Q F Y U A O K U M P U V U U
X A A Z G A H E M W Z O I B
T M V A Y O C L E G L K B U
F A I C O F Q U N I F U R T
O Y L I M M I E R X S M A H
S N I L I H S L N L Z H I E
I M S E L A I I T E S L D L
X E I U E D N N C J V O S E
U V O V N Q D I P F C P T L
B N M B Y D E Q Q V B H U E
A W D A Q Y U I V C O E Q B
D F J H A M A B A L A X N T
```

IMPAHLA
EMNYAMA
OKUMHLOPHE
ABUKA
I-BRAIDS
ONSUNDU
AMABALA
CURLS
OKUGOQENE

YOMILE
OKUMPUVU
IMPILO
ISINDE
ISILIVA
OKUBUTHELELE
I-SOFT
IQINILE
ZACILE

77 - Furniture

```
P V J M R N O T U F I M X U
S J H I S I H L A L O A H I
E Y P E L D T P B C C B Y B
R D R E S S E R Y Z C A Q H
I L A M P A H B N Z Q L I N
O I Y G E N T B U U Q H O S
M C S U G Q I S I T A M U H
R J D K C O M M A H I U A I
A I C J H I I U M Q A L O G
I N I H T E H K A M A S Y D
J Z S Q Y I R U G G M F P R
I S I B U K O J G N X O P D
U K A B A D U D U Z I Y E Z
I A R M C H A I R F P U V F
```

I-ARMCHAIR	DRESSER
I-ARMOIRE	I-FUTON
UBED	I-HAMMOCK
IBHNSHI	I-LAMP
ISIHLALO	UMATISI
ABADUDUZI	ISIBUKO
UMHLABA	UMQALO
AMAKHETHINI	I-RUG
IMITHETHO	

78 - Garden

```
T I I U I U I X G Q Q B D T
E H T M X N N H B J O C S C
R A R H Q D J Y O E M I B I
R M A L Z D Q A A S M E Z E
A M M A N I T Y N Z E A W O
C O P B P S W M L I I L J K
E C O A I B H N S H I D C H
R K L E V O H S E P T N O P
H L I L A B M I J A R A G I
O I N Z A I P O N D S M N G
E U E I S I H L A H L A A V
U K K O G V X G O R M V H T
S P A L U H K U O Y Y Y T S
Y L R P W F O G C L K A U G
```

IBHNSHI	RAKE
UTHANGO	AMANDLA
IMBALI	SHOVEL
IGARAJI	UMHLABA
INJANI	TERRACE
UNYAZI	I-TRAMPOLINE
I-HAMMOCK	ISIHLAHLA
I-HOSE	UKHULA
I-POND	

79 - Diplomacy

```
E  I  S  I  X  A  Z  U  L  U  L  O  I  U
Z  I  E  M  B  A  S  S  Y  R  F  S  N  M
E  I  N  X  U  S  W  A  O  A  C  A  G  P
P  P  T  F  O  X  O  X  G  N  I  K  X  H
O  I  T  U  A  N  A  G  F  A  S  N  A  A
L  Z  O  Y  I  W  I  Y  C  S  P  A  B  K
I  U  H  U  L  U  M  E  N  I  O  H  A  A
T  M  T  O  A  V  I  A  C  B  V  K  N  T
I  A  O  U  X  J  L  K  Q  M  O  I  O  H
K  H  Q  R  E  S  I  V  D  A  B  M  C  I
I  K  U  I  P  Q  Z  G  H  B  Q  I  J  W
X  A  B  G  A  S  I  G  N  U  L  U  B  U
T  Z  U  D  X  F  H  R  Y  K  T  H  L  Y
H  I  V  A  H  P  E  H  P  U  K  U  I  J
```

ADVISER
INXUSWA
IMIKHANKASO
IZAKHAMUZI
CIVIC
UMPHAKATHI
INGXABANO
UKUBAMBISANA
INGXOXO

I-EMBASSY
UHULUMENI
UBUQOTHO
UBULUNGISA
IZILIMI
EZEPOLITIKI
UKUPHEPHA
ISIXAZULULO

80 - Beach

```
L I N E W G O G L A I G X I
E S W E G V Z Y O M L P U T
W A T H Z N U N K R A Q M H
B N K J S P K D C L N D B A
P D O A T B Z X O V G J R W
E L D N A W L U D T A I E U
S A P O P Z Q K I I I Z L L
I S I Q H I N G I S O I L A
H U F M J D I C I I K M A N
L I L A G O O N R K U B H H
Z M P F M H Y I E E B A M K
N O F R O E W V E B L T D V
K H G P D O Y W F H U H I S
I V A C A T I O N E A U D Y
```

OKUBLU   ISANDLA
ISIKEBHE   IZIMBATHU
OGWENI   ULWANDLE
UDOTI   ILANGA
IDOCK   ITHAWULA
ISIQHINGI   UMBRELLA
I-LAGOON   IVACATION
I-REEF

81 - Countries #1

```
I  I  P  A  N  A  M  A  R  K  N  I  F  E
E  L  I  S  R  A  Y  E  L  I  V  I  I  J
S  Y  A  W  R  O  N  E  Y  Y  E  R  N  W
E  K  I  T  V  Q  B  C  C  I  J  A  L  X
N  C  N  U  V  H  T  N  N  P  A  Q  A  P
E  A  A  Y  B  I  L  W  K  U  L  D  N  F
G  A  M  A  U  G  A  R  A  C  I  N  D  E
A  L  O  Y  I  E  G  Y  P  T  M  A  Z  S
L  K  R  J  Y  X  E  L  B  I  A  L  S  P
G  X  E  N  U  N  K  A  O  A  N  O  O  A
E  C  A  N  A  D  A  T  F  O  E  H  B  I
E  B  R  A  Z  I  L  I  Z  Z  S  P  W  N
M  O  R  O  C  C  O  E  G  P  Y  E  D  W
M  F  V  E  N  E  Z  U  E  L  A  I  S  X
```

EBRAZIL	MOROCCO
ECANADA	NICARAGUA
I-EGYPT	ENORWAY
FINLAND	IPANAMA
EJALIMANE	EPHOLAND
I-IRAQ	EROMANIA
ISRAYELI	ESENEGAL
E-ITALY	ESPAIN
I-LATVIA	VENEZUELA
LIBYA	

82 - Adjectives #1

```
I  I  D  E  N  T  I  C  A  L  O  O  V  S
M  T  X  R  J  A  M  I  Z  N  U  K  Y  E
I  Q  I  N  I  S  O  O  G  O  T  U  D  R
C  Y  L  G  M  B  U  Z  M  J  H  M  L  I
I  Y  M  M  C  E  R  I  P  G  E  N  E  O
T  W  F  X  X  U  Y  S  M  B  M  Y  P  U
O  K  W  E  S  I  Z  U  L  U  B  A  H  S
X  S  J  E  L  H  A  K  H  T  E  M  A  C
E  I  A  E  M  H  C  O  M  J  K  A  N  Y
M  T  B  X  C  I  A  M  O  R  A  I  S  G
W  S  U  O  I  T  I  M  E  B  A  E  I  R
B  D  L  Y  L  L  C  M  A  X  M  V  J  L
W  T  E  A  B  S  O  L  U  T  E  J  Y  M
Z  A  C  I  L  E  A  R  T  I  S  T  I  C
```

ABSOLUTE	KUNZIMA
ABEMITIOUS	OKUSIZO
I-AROMAIC	UTHEMBEKA
ARTISTIC	I-IDENTICAL
AMAHLE	OKWESIZULU
OKUMNYAMA	SERIOUS
EXOTIC	KAHLE
EPHANSI	ZACILE
JABULE	IQINISO

83 - Technology

```
Z Z Z S N R P X I B X G A F
S O F T W A R E N D Y V A K
F L T F Q J O H I K A T S F
I G C I W A N E R Q H T E Z
I D I G I T A L K I P E H S
R S Q U L K S H I V E N K A
E I X N Y V R B S I H R I R
B Q Y U U V Y X I R P E I E
E O Z E Y A L M U T U T Z M
O G N I N A W C U U K N I A
G A K I D T Y X C A U I B H
E Q U I S X X G O L B I A K
M N J A N A B R W S E R L I
I K H O M P Y U T H A A O J
```

IBLOG
BRWSER
BYTES
IKHAMERA
IKHOMPYUTHA
IKHESA
IDATHA
I-DIGITAL
BONISA

I-INTERNET
UMLAYEZO
UCWANINGO
ISIKRINI
UKUPHEPHA
SOFTWARE
IZIBALO
I-VIRTUAL
IGCIWANE

84 - Landscapes

```
E I O R Q I D O G I S I I I
S V A B A T N I X N X I S P
H O I E L U D A W G U G I E
I L G R A N T R O F R E Q N
S C Q E L D N A W L U Y H I
H A U C U R I U P T Q S I N
I N M A F A I I M D O E N S
N O A L M P S Z C G P R G U
I F J G U L W I E E E G I L
I C H I B I A Z S J B D N A
I C L I F F M N W A R E E P
G H A O J Z P A A C O F R X
X V S L W B Y M A U O I E G
D C I U Q X H A Z Z U E Z S
```

ESHISHINI	INTABA
UMGEDE	I-OASIS
I-CLIFF	IPENINSULA
UGWADULE	UMFULA
I-GEYSER	ULWANDLE
I-GLACER	I-SWAMP
IGQUMA	I-TUNDRA
I-ICEBERG	ISIGODI
ISIQHINGI	I-VOLCANO
ICHIBI	AMANZI

85 - Visual Arts

```
U M I L I F I L U C M U I C
C M G O T P E D J I F H S O
I H B P B I R C B M O I I M
Z S A O Y S U O Z A H M T P
U K L L N J T I V R O U H O
Y M A B K O C A B E T Y O S
M D D H I M E S Q C E S M I
T O U J Y S T N T I M F B T
V C B W A X I S N E P I E I
Z G U P N U H Q R C G H K O
Z I J P L I C N E T S I A N
U B U M B A R H M P I G D E
I E A S E L A B P X H V O P
M I S I V A R N I S H U O I
```

ARCHITECTURE
UMCULI
I-CERAMIC
CHALK
UBUMBA
COMPOSITION
UBUDALA
I-EASEL
IFILIMU

I-PEN
IPENSI
UMBONO
ISITHOMBE
ISIQEPHU
I-STENCIL
ISI-VARNISH
WAX

86 - Plants

```
A R O L F U F E H K I J J M
I M J X Y I Z I N H L A Z A
I N A J N I U O O B M A B I
I W G H B Y Q J R S M U V H
M I A W L N B Y S S O M I E
B S U T C A C I B P C V O R
A I K M T T H U M S F U Q B
L H M J E O S L N Q D N J S
I L U M A B X S A Y X D I A
R A U B H I N W E F A I X B
O H I Z I M P A N D E Z V S
A L A T E P I I O G H Y I S
Q A I B E R R Y I V Y T X B
I H L A T H I X U H U S H W
```

I-BAMBOO	INJANI
UBHINWE	UNYAZI
IBERRY	I-HERB
I-BOTANY	IVY
I-CACTUS	IKHEFU
UMVUNDI	I-MOSS
UFLORA	I-PETAL
IMBALI	IZIMPANDE
AMAHLAHLA	ISIHLAHLA
IHLATHI	IZINHLAZA

87 - Boxing

```
U U U K U L A M U L A B I Q
N K L O J Z A D I J X E A R
O H C S T C H T A Q G O B T
M A E I K I H P M U N I A G
P T I K I U K U L I M A L A
E H N E F S V K D R J W D N
M E K S O U I O H J C L N O
P L O I C M N L L Z T M A H
E E L N U Z K J E G V U M K
L A O I S I V Z Y V A J A I
R R I Q V M D C E C U M J W
V D U I Z B K H I P H A A Y
Q S C S C A H S E H S E W U
D N L I N D O L O L W A N E
```

INKOLO
UMZIMBA
ISILEVU
IKHONA
INDOLOLWANE
UKHATHELE
UMLWA
ISIQINISEKISO
FOCUS

AMAGLOVU
UKULIMALA
KHIPHA
UMPHIKI
SHESHA
UKULAMULA
UNOMPEMPE
AMANDLA

88 - Countries #2

```
I D E N M A R K X R L N I O
I P A K I S T A N P I I U I
S O E O C I X E M E B L K C
L D L E B A N O N T E E R S
E S U D A N A S V H R A A T
E G R E E C E C Y I I L I I
E J J A M A I C A O A B N N
E S A W O U T B I P E A E E
F U O P J U I E Q I I N M P
J U G M A X A S O A L I G A
M B F A A N H L J L V A P L
Y P Y F N L E N I G E R I A
R J U P Z D I I S Y R I A E
Y B C S E A A A I S S U R E
```

E-ALBANIA   EMEXICO
IDENMARK   I-NEPAL
ETHIOPIA   NIGERIA
GREECE   IPAKISTAN
HAITI   E-RUSSIA
JAMAICA   ESOMALIA
EJAPANE   E-SUDAN
I-LAOS   I-SYRIA
LEBANON   E-UGANDA
LIBERIA   I-UKRAINE

89 - Ecology

```
I  S  I  M  O  S  E  Z  U  L  U  I  G  U
Z  O  B  Q  I  Z  I  N  H  L  A  Z  A  K
H  Q  J  U  W  N  I  M  V  E  L  O  Y  U
U  K  U  H  L  U  K  A  N  U  K  A  U  S
I  H  T  A  K  A  H  P  I  M  I  B  V  I
I  Z  Z  E  M  V  E  L  O  D  T  A  T  N
H  P  I  G  W  R  V  S  A  Z  E  T  I  D
A  U  R  T  I  T  A  Z  Y  H  E  N  Z  A
B  F  O  R  A  F  P  E  F  T  U  I  I  S
I  L  O  K  O  L  H  N  I  Z  I  Z  H  C
T  O  W  K  Y  B  A  I  P  C  U  I  L  V
A  R  F  D  O  H  S  R  A  M  U  F  O  F
T  A  E  S  X  W  V  A  G  V  A  O  K  K
I  S  O  M  I  S  O  M  A  V  I  S  O  Q
```

ISIMO SEZULU	IZINTABA
IMIPHAKATHI	ZEMVELO
UKUHLUKANUKA	IMVELO
ISOMISO	IZITALA
UFLORA	IZIHLOKO
I-HABITAT	UKUSINDA
MARINE	IZINHLOKO
UMARSH	IZINHLAZA

90 - Adjectives #2

```
V N Z K B H O L E Z A C N I
I T O W A S U K H M V V V I
O Y O K U S H A U N I K V W
D O A I F J O L E V M E Z I
U Y Z Q Q L O V S N E E Z L
M A A Y H L O H O M I L J D
I L K O N O L I P M I E A U
L A A Z N S S E L I M O Y L
E D H D M I D H C B Z O D A
U U T B X N E C A H U E C M
O K U S H I S A Y O L L N B
I O K W F Q A W Q E E H S I
I T O F C I W L Z L L A M L
A M A N D L A N L S E K Z E
```

IQINISO
OKUDALAYO
INCAZELO
YOMILE
KAHLE
ODUMILE
INEZIPHO
IMPILO
OKUSHISAYO
ULAMBILE

OKUTHAKAZA
ZEMVELO
OKUSHA
OKUVELA
IYAQHOSHA
USAWOTI
ULELE
AMANDLA
I-WILD

91 - Psychology

```
I  I  I  U  R  A  L  O  L  H  U  K  U  Q
N  Q  S  K  I  M  V  N  O  V  A  T  E  Q
K  I  E  W  M  A  C  A  K  C  K  D  N  U
I  N  N  E  I  P  X  B  I  V  E  Q  G  K
N  I  S  L  B  H  X  A  L  S  B  O  A  U
G  S  A  A  O  U  Y  X  O  R  U  Z  K  Z
A  O  T  S  N  P  T  G  H  G  H  K  W  I
X  O  I  H  O  H  W  N  M  V  Q  O  A  P
D  E  O  W  O  O  U  I  U  K  U  T  Z  H
A  N  N  A  G  T  G  M  Y  M  K  N  I  A
P  E  R  C  E  P  T  I  O  N  U  I  P  T
S  L  I  Z  I  K  H  U  M  B  U  Z  O  H
U  B  U  N  T  W  A  N  A  W  I  I  S  A
I  M  I  C  A  B  A  N  G  O  V  I  H  T
```

UKUHLOLA	IZIKHUMBUZO
UKUZIPHATHA	PERCEPTION
UBUNTWANA	UMUNTU
UMHOLIKO	INKINGA
UKUQHUBEKA	IQINISO
INGXABANO	I-SENSATION
AMAPHUPHO	UKWELASHWA
I-EGO	IMICABANGO
IZINTO	ENGAKWAZI
IMIBONO	

92 - Math

```
I I U O Q A G N I Z I S I F
P D P T I S I Q E P H U G G
H U I H R R E T E M I R E P
A X U A O I U I B R U W O S
M A M W M Y A Y P M L S M Y
B N Q C Q E G N A V Z E E M
I D U X J D T O G D K L T M
L E L F L P I E N L X G R E
I K U S U I D A R I E N Y T
P E R P E N D I C U L A R R
I E X P O N E N T I X A O Y
I Z I N O M B O L O V M X Y
A E M A R G O L L A R A P I
J V W I A R I T H M E T I C
```

AMA-ANGLES
I-ARITHMETIC
ISIZINGA
I-DIAMETER
I-EXPONENT
ISIQEPHU
I-GEOMETRY
IZINOMBOLO
PHAMBILI

I-PARALLOGRAM
PERIMETER
PERPENDICULAR
IPHOYGONI
I-RADIUS
UXANDE
SYMMETRY
UTRIANGLE
UMQULU

93 - Water

```
U A E W I N O L I I U I M U
X M W U F G A G S M K S T M
O S S C R L K L I V U H I F
H R U U Q A E R K U T A C U
P F H C K N Z N H L H S H L
E T T G K A A O U A U H I A
H V E C I C B O K X M A B B
P B W G Q I M S H K E I I W
I K H E T H A N U L K J N J
S J T T T N H O L M A U B F
I A I A F F U M A E T S I C
B A S M K P K I G E Y S E R
D A I Z T E U A M A Z A F J
U K U N K A S A K W H P X R
```

I-CANAL	ICHIBI
UKUHAMBAZEKA	UMSUKA
ISIKHUKHULA	I-MONSOON
ISITHWETHU	IMVULA
I-GEYSER	UMFULA
UKUTHUMEKA	ISHASHA
ISIPHEPHO	IKHETHA
ICE	I-STEAM
UKUNKASA	AMAZA

94 - Business

```
I U T N U O C S I D I A U C
S M U H M T B I Z L H G K V
I S M A L E T N I Z I N U I
S E P O H T O N M O Z E D F
E B H N F P J T A R H H A E
B E A Y R X N D L A X T Y K
E N T K E D P O I O Z A I H
N Z H R Q V A Z T R C F S I
Z I I S D J L U M A B F W O
I H S A Q M U Z G P D R A K
X S S V I Z I N D L E K O P
T O I H H O V I S I L A M I
I N K A M P A N I O V M S H
I S A B E L O M A L I G F A
```

ISABELOMALI   IZIMALI
UMSEBENZI   UMPHATHI
INKAMPANI   IMALI
IZINDLEKO   IHHOVISI
I-DISCOUNT   INZUZO
EZOMNOTHO   UKUDAYISWA
ISISEBENZI   THENGA
UMQASHI   IZINTELA
IFEKHI

95 - The Company

```
U A X A Q A I Z O G N I Z I
L L J O L M S U O R J E I S
I X D S B A I D Y R N H Z B
I N M W X N N A A L L S N K
X B T B A D Q T L E X E E V
Y S H U Y L U A A E Y H B K
O X K I T A M C D C R P E M
M K W K Z H O L U H T E S I
U S U E R I U Q K W S W M I
D S Y S C E N K O O U H U M
I C U Q H H J I O C D C A A
S T E Y N A M A S A N O B L
I Q U A L I T Y U I I G G I
O K U N G E N Z E K A N Q K
```

IBHIZINISI	NGOCHWEPHESHE
OKUDALAYO	INTUTHUKO
ISINQUMO	IQUALITY
UMSEBENZI	ISIDUMO
INDUSTRY	IZINGOZI
OKUSHA	AMANDLA
OKUNGENZEKA	AMANYE
ISETHULO	IMALI

96 - Literature

```
I N O V E L I V I H C U A F
U L N B G J E H S V L M J I
S J O H T E H P I S I L O C
I L B E B Y G O L A N A I T
Z E M W P O N Y I I I N F I
I N U Q G Q I I N N A D A O
S T A Y E L A Z G K N E R N
U M R B O X T A A O E L G N
M I R H Y M E L N N C I O M
I P O E T I C H I D D V Y B
T I B U K W V U S L O W I Z
I S I G Q I D L O O T D B B
I D I A L O G U E L E K I N
J K I E N I C R I T I Q U E
```

I-ANALOGY	INOVELI
UHLAZIYO	UMBONO
I-ANECDOTE	INKONDLO
IBIYOGRAFI	I-POETIC
ISIPHETHO	I-RHYME
I-CRITIQUE	ISIGQI
I-DIALOGUE	STAYELA
FICTION	ITIMU
ISILINGANISO	USIZI
UMLANDELI	

97 - Geography

```
U  I  D  E  R  E  H  P  S  I  M  E  H  I
P  N  F  N  A  I  D  I  R  E  M  U  H  G
H  T  S  Y  T  I  C  D  O  U  U  L  T  N
A  A  A  A  L  U  F  M  U  M  P  W  U  I
K  B  I  K  L  U  V  W  M  H  K  A  U  H
A  A  P  A  K  T  E  M  Y  L  X  N  M  Q
T  A  Y  T  R  Q  A  O  R  A  D  D  I  I
H  T  A  H  F  B  L  I  O  B  Y  L  Z  S
I  F  K  O  I  W  E  S  T  A  W  E  I  I
U  I  I  H  T  A  H  K  I  S  I  W  G  D
E  M  V  D  C  B  P  B  R  S  T  V  N  E
I  S  I  F  U  N  D  A  R  N  C  Z  I  K
I  E  Q  U  A  T  O  R  E  J  K  P  N  X
I  Z  W  E  M  Z  U  H  T  E  W  Z  I  Z
```

UPHAKATHI	MERIDIAN
I-ATLAS	INTABA
CITY	ENYAKATHO
IZWETHU	ISIFUNDA
IZWE	UMFULA
I-EQUATOR	ULWANDLE
I-HEMISPHERE	ININGIZIMU
ISIQHINGI	TERRITORY
ISIKHATHI	I-WEST
IMAP	UMHLABA

98 - Pets

```
U M D X M H D X B X J N A P
U I G U N D A N E M A T K V
I N T F J P J I L E A S H I
H I O B P E N A W L D M U N
A K U G I L I Z A R D U L K
M A I P W I M B U Z I M I O
S T T N H A U F U D U S K M
T I Y Q H A J T B I A I H A
E Z U M I L L A P O X L O Z
R N K W Z S A I C B J A L I
I A U W Y T R N B Q R L A C
R M D K J H A C Z L J X P F
P A L G R S J X W I R J L K
A T A Y O F Q P W F J L M D
```

IKATI	I-LIZARD
IKHOLA	IGUNDANE
INKOMAZI	UPHALI
INJA	UMDLWANE
INHLANZI	UNOGWAJA
UKUDLA	UMSILA
IMBUZI	UFUDU
I-HAMSTER	AMANZI
I-LEASH	

99 - Jazz

```
I E S I A D U M C U L O F Y
I Z O U M C U L I I K E U K
C S I K X Z N R B H S T L D
O K I N U K B H S T H N Y T
M U N G T S F S T A Y E L A
P D O L Q A H O D S U L O R
O A A A Y I N A L N I A D T
S L V F H E C D U O I H U S
I A U H L O B O O H Q T M E
T C O M P O S E R K Y I I H
I I U M A H B L A I A B L C
O L U C I D V S I C K Z E R
N E U I N D L E L A T C I O
U K U T H U T H U K I S A I
```

I-ALBHAMU   UMCULO
UMCULI   OKUSHA
COMPOSER   KUDALA
COMPOSITION   I-ORCHESTRA
IKHONSATHI   ISIGQI
ODUMILE   ICULO
IZINTANDOKAZI   STAYELA
UHLOBO   ITHALENTE
UKUTHUTHUKISA   INDLELA

100 - Nature

```
I  Z  I  N  T  A  B  A  H  X  J  M  O  D
A  I  H  T  A  L  H  I  Z  P  Z  O  C  G
K  M  D  U  A  U  D  T  J  H  L  A  E  C
E  I  A  Y  M  B  C  U  G  N  U  K  N  I
L  N  I  H  N  F  P  J  Z  G  I  T  A  T
U  G  W  U  L  A  U  T  V  O  Z  G  W  C
G  C  I  G  C  A  M  L  E  K  I  I  L  R
U  W  L  W  M  R  H  I  A  U  N  V  I  A
G  E  D  A  H  P  W  L  C  T  Y  I  Z  I
U  L  M  D  D  O  Y  Q  A  H  O  T  I  U
K  E  L  U  R  H  L  K  S  U  S  A  M  G
U  Z  A  L  R  N  S  V  A  L  I  L  U  F
Y  W  R  E  C  A  L  G  I  A  H  G  F  C
A  M  A  F  U  U  B  U  H  L  E  P  Z  B
```

IZILWANE   AMAHLAHLA
I-ARCTIC   IHLATHI
UBUHLE   I-GLACER
IZINYOSI   IZINTABA
AMAFU   NGOKUTHULA
UGWADULE   UMFULA
I-DYNAMIC   INGCWELE
UKUGUGULEKA   I-VITAL
INKUNGU   I-WILD

1 - Antiques

2 - Food #1

3 - Measurements

4 - Farm #2

5 - Books

6 - Meditation

7 - Days and Months

8 - Energy

9 - Archeology

10 - Food #2

11 - Chemistry

12 - Music

13 - Family

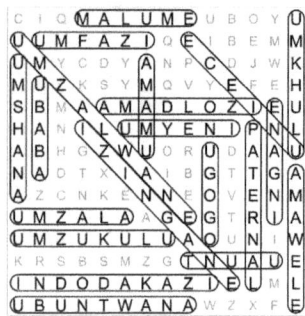

14 - Farm #1

15 - Camping

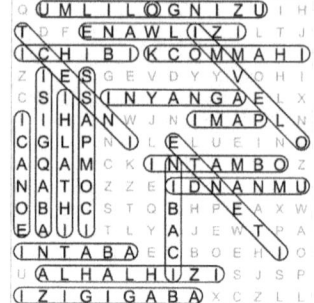

16 - Algebra

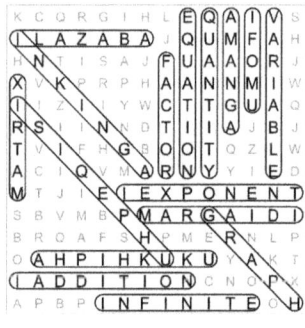

17 - Spices

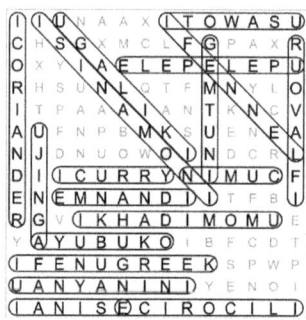

18 - Universe

19 - Mammals

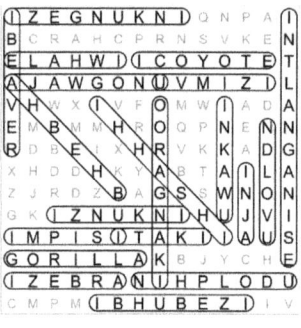

20 - Bees

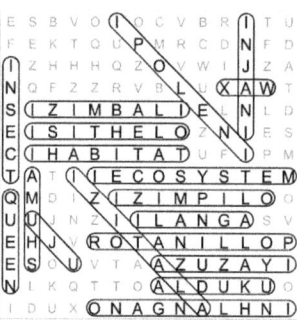

21 - Photography

22 - Weather

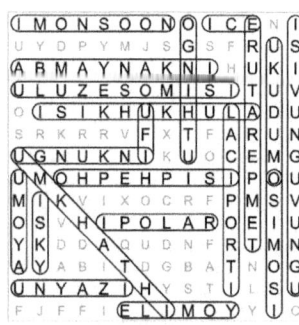

23 - Circus

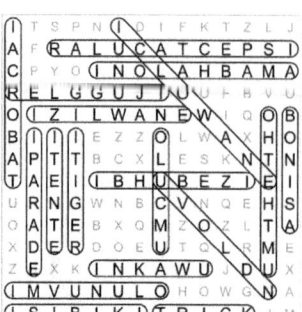

24 - Restaurant #2

25 - Geology

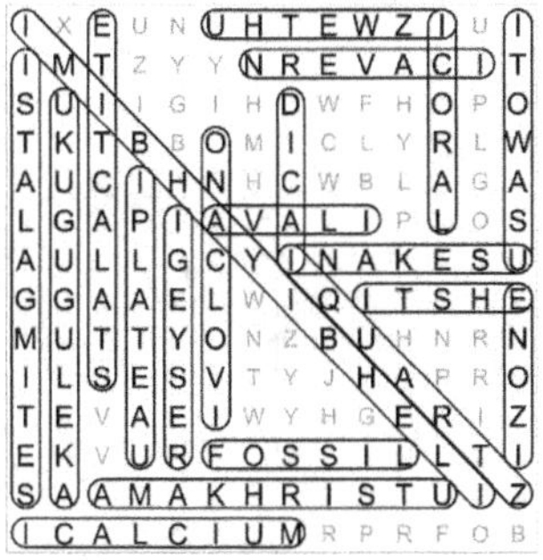

26 - House

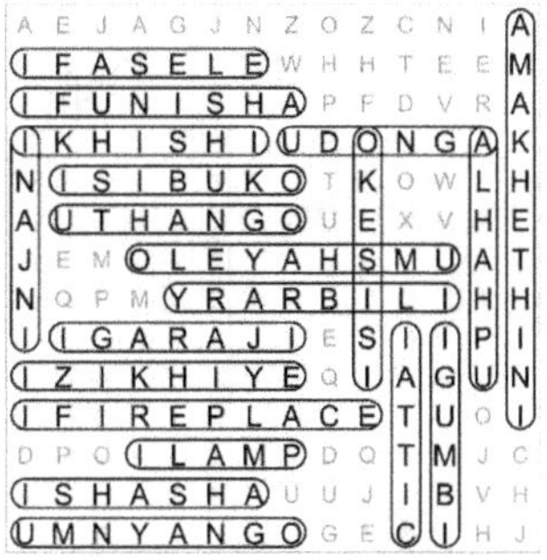

27 - Physics

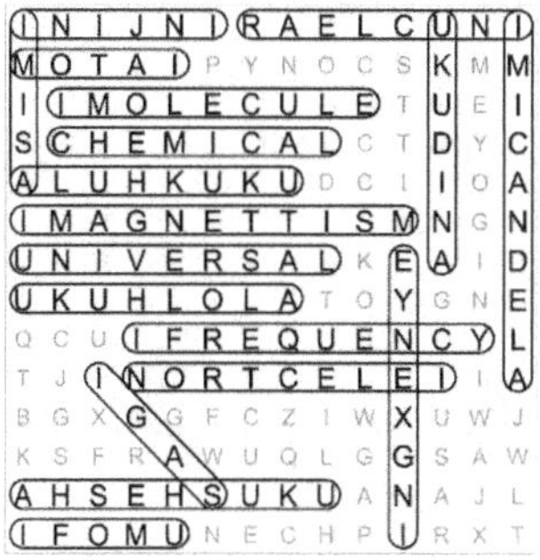

28 - Bathroom

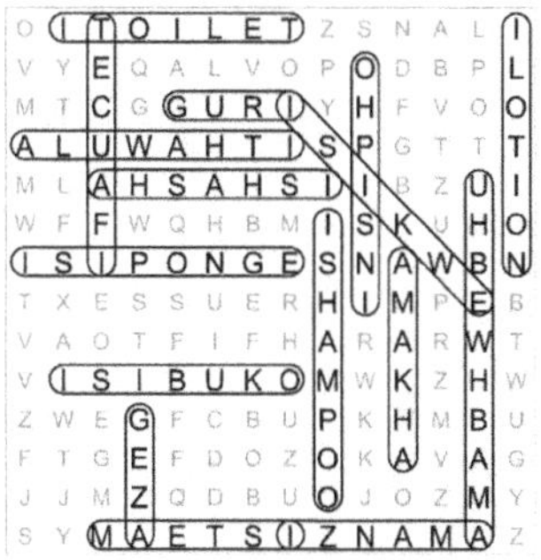

29 - Coffee

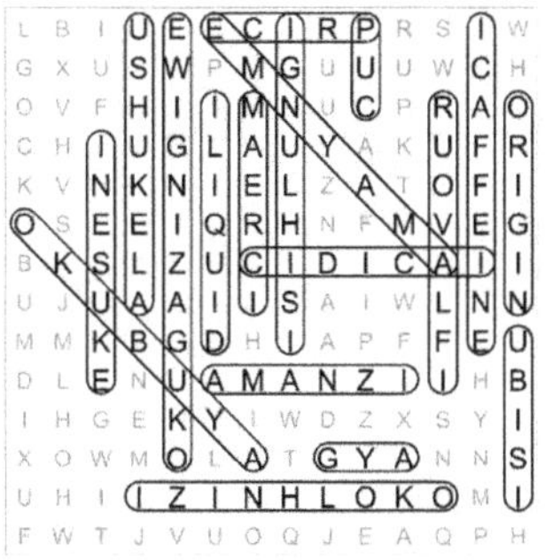

30 - Climbing

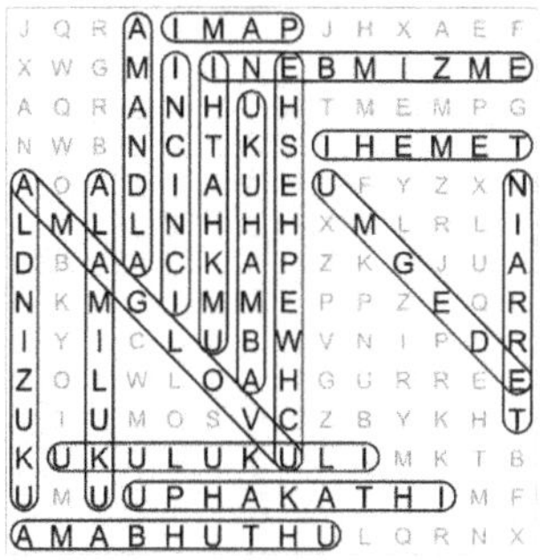

31 - Shapes

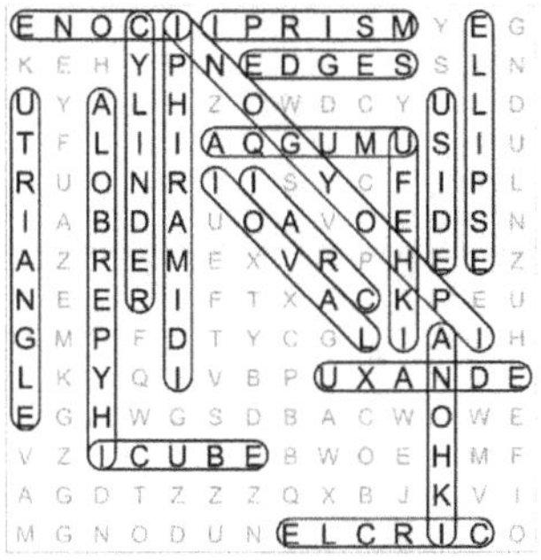

32 - Scientific Disciplines

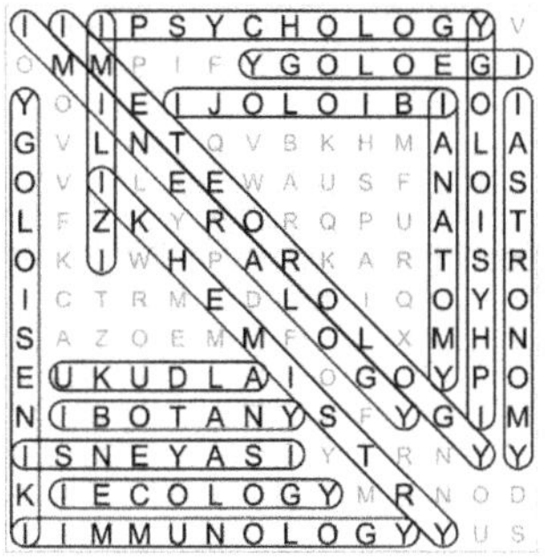

33 - Beauty

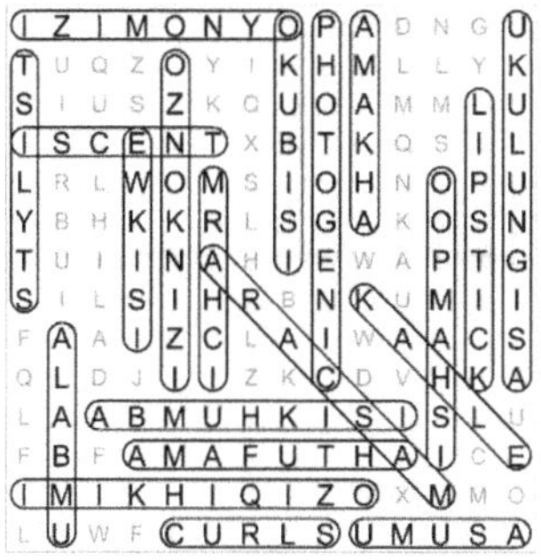

34 - Clothes

35 - Ethics

36 - Insects

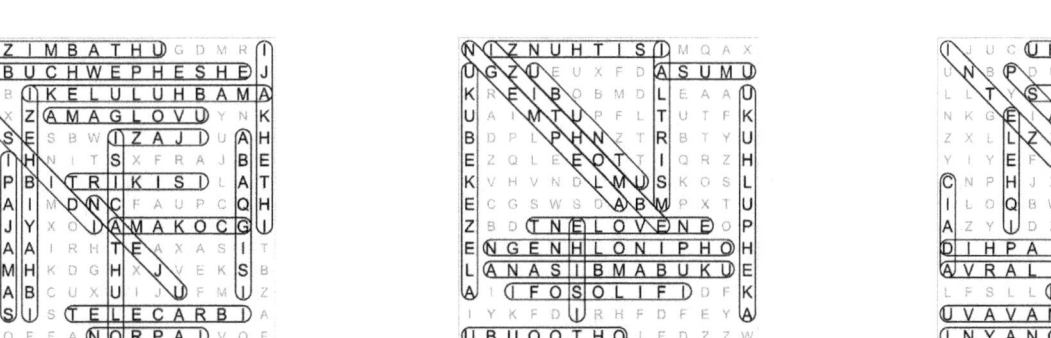

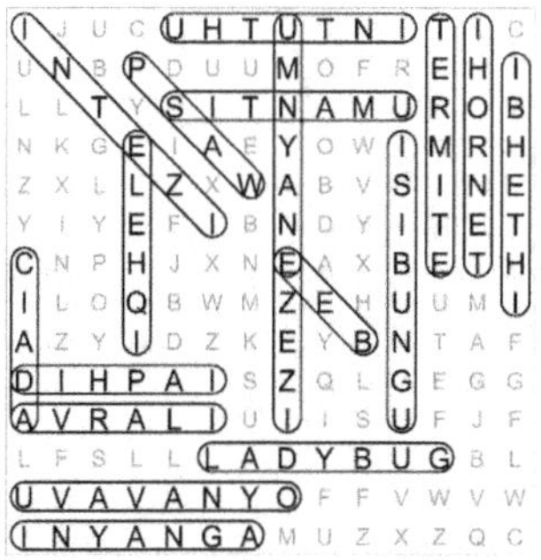

37 - Astronomy

38 - Health and Wellness #2

39 - Time

40 - Buildings

41 - Gardening

42 - Herbalism

43 - Vehicles

44 - Flowers

45 - Health and Wellness #1

46 - Town

47 - Antarctica

48 - Ballet

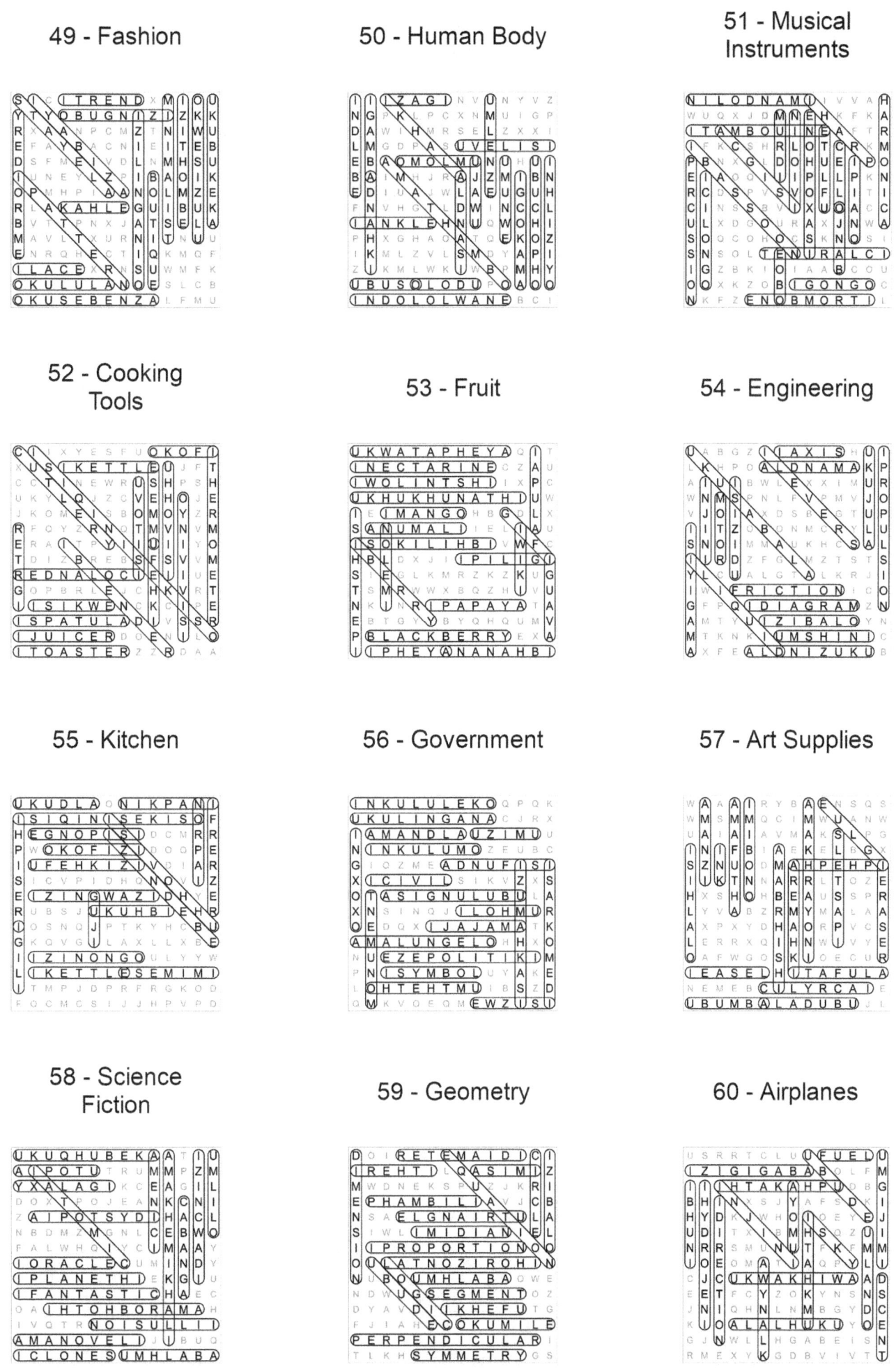

49 - Fashion

50 - Human Body

51 - Musical Instruments

52 - Cooking Tools

53 - Fruit

54 - Engineering

55 - Kitchen

56 - Government

57 - Art Supplies

58 - Science Fiction

59 - Geometry

60 - Airplanes

61 - Ocean

62 - Force and Gravity

63 - Birds

64 - Art

65 - Nutrition

66 - Hiking

67 - Professions #1

68 - Barbecues

69 - Chocolate

70 - Vegetables

71 - The Media

72 - Boats

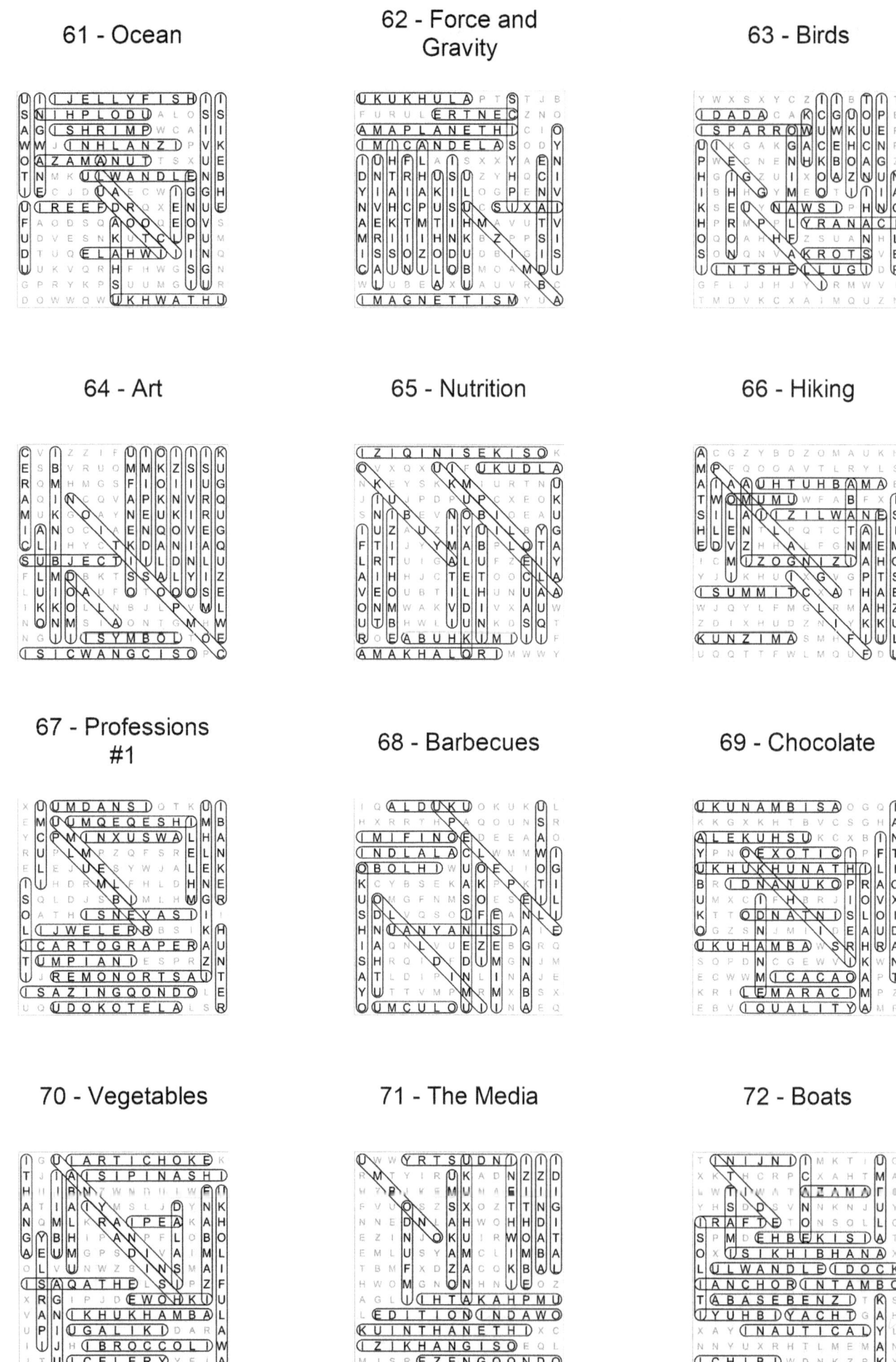

73 - Driving

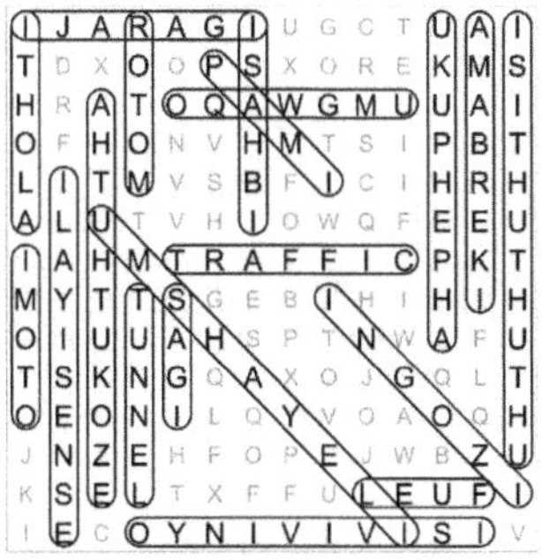

74 - Emotions

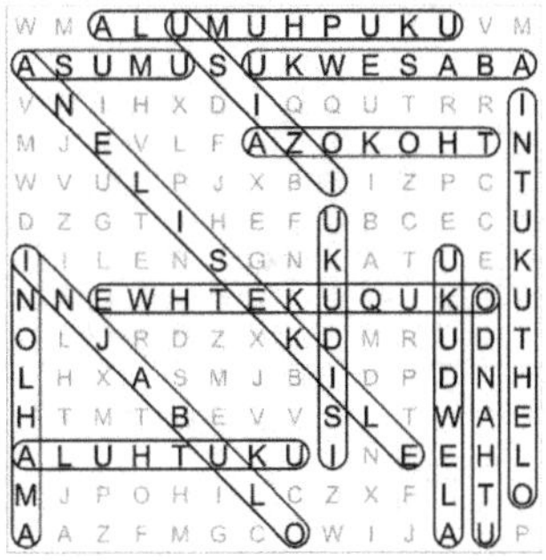

75 - Mythology

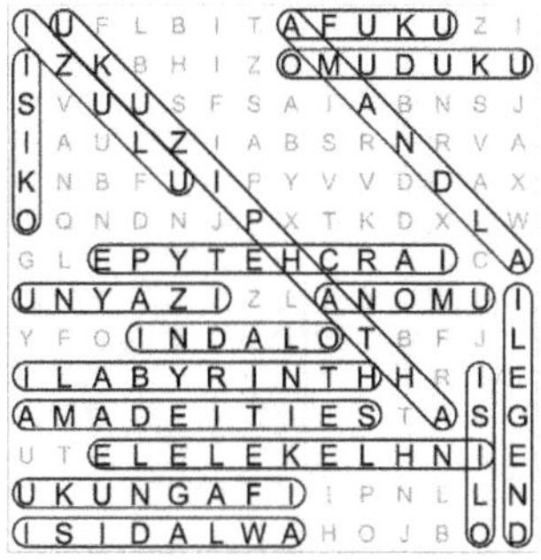

76 - Hair Types

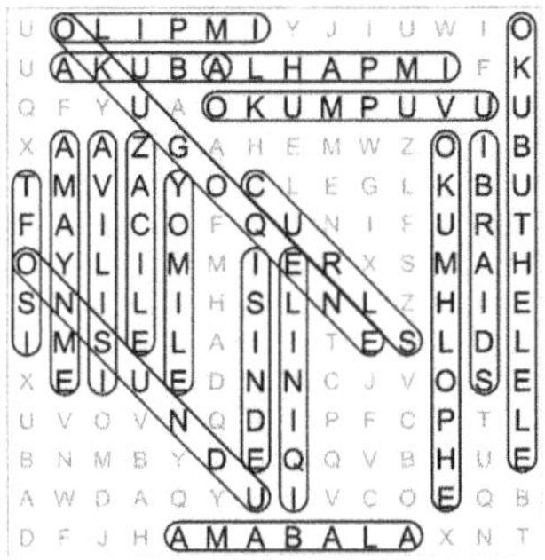

77 - Furniture

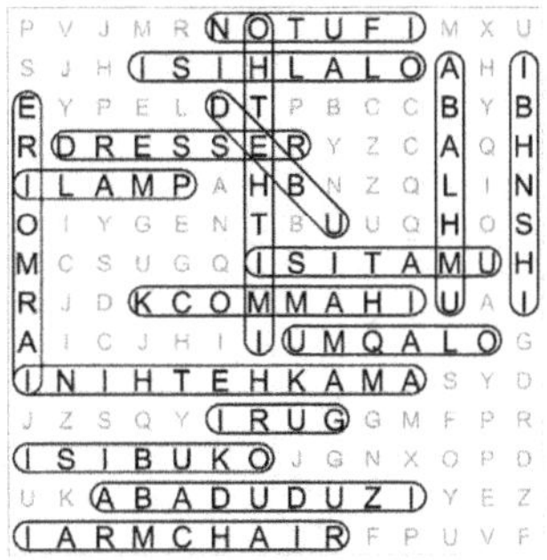

78 - Garden

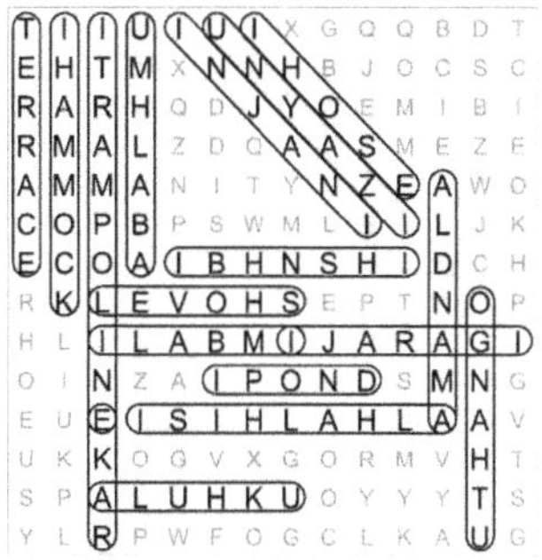

79 - Diplomacy

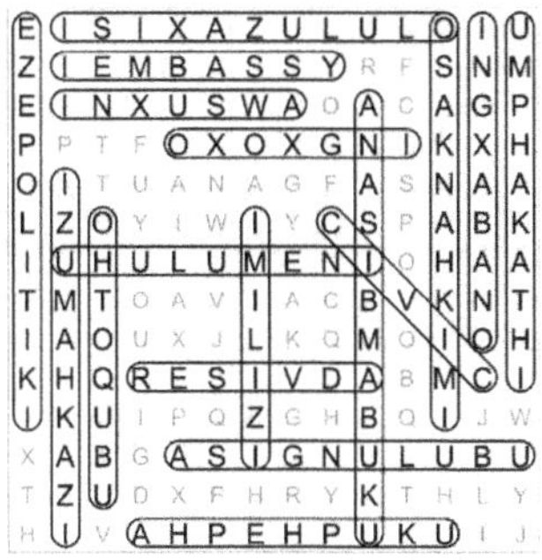

80 - Beach

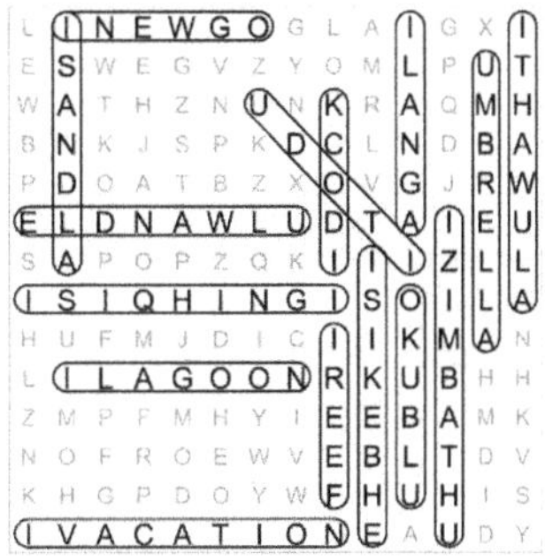

81 - Countries #1

82 - Adjectives #1

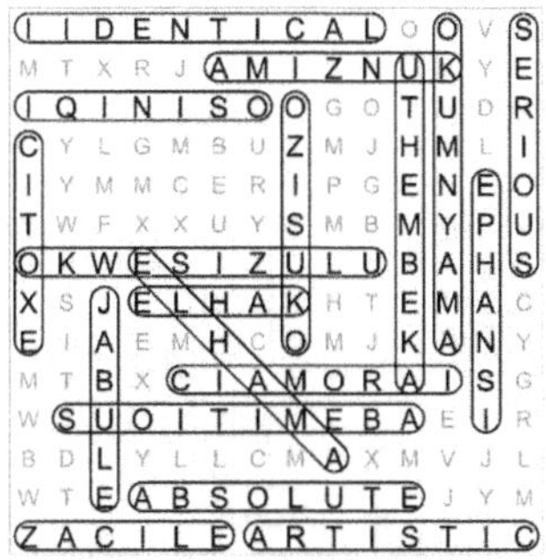

83 - Technology

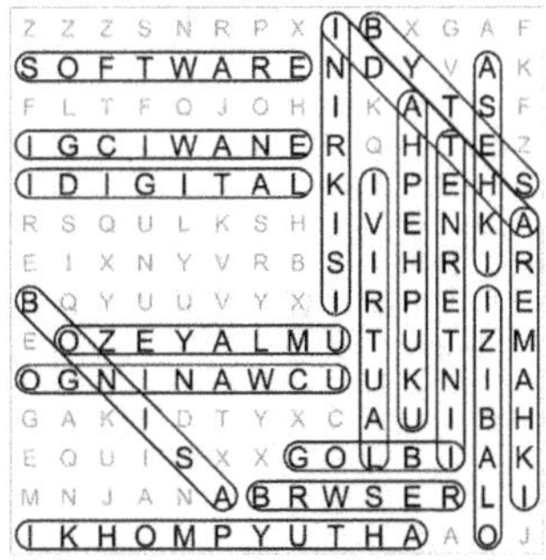

84 - Landscapes

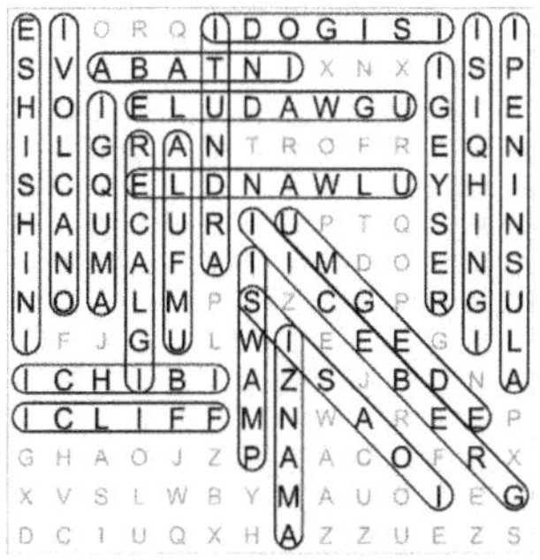

85 - Visual Arts

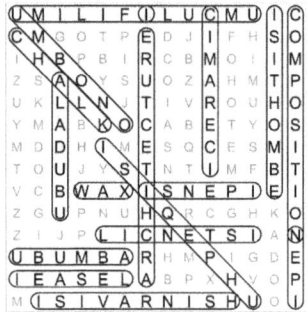

86 - Plants

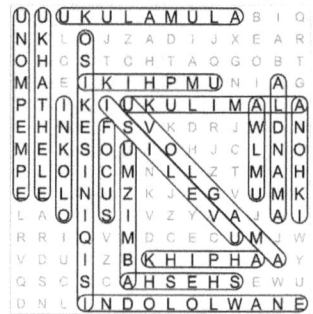

87 - Boxing

88 - Countries #2

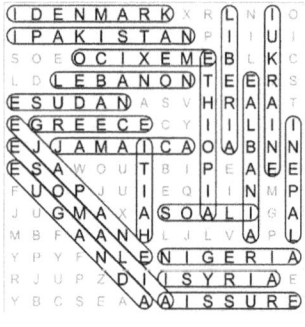

89 - Ecology

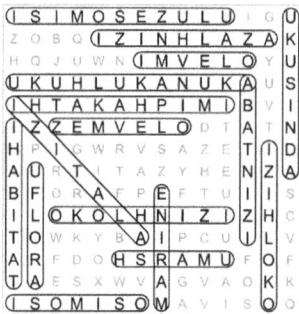

90 - Adjectives #2

91 - Psychology

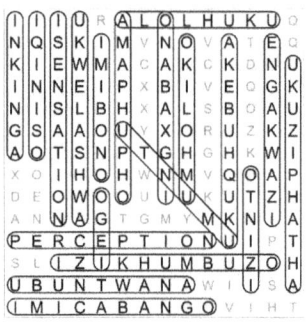

92 - Math

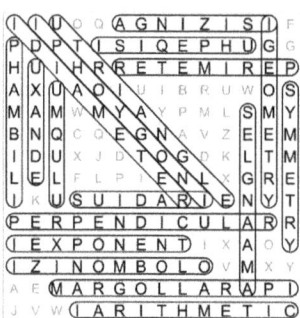

93 - Water

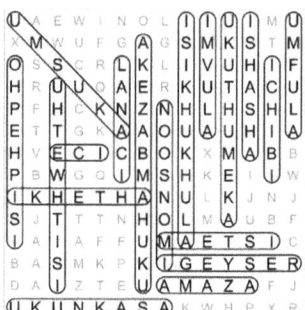

94 - Business

95 - The Company

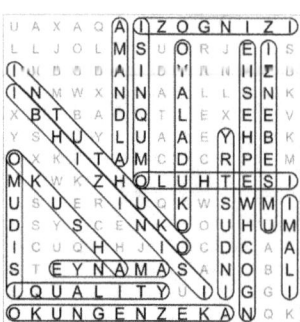

96 - Literature

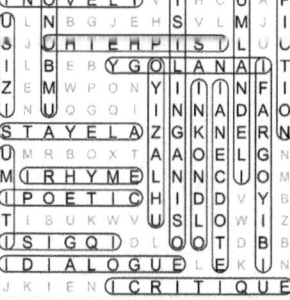

97 - Geography

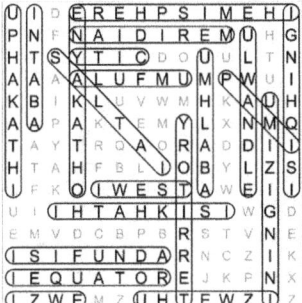

98 - Pets

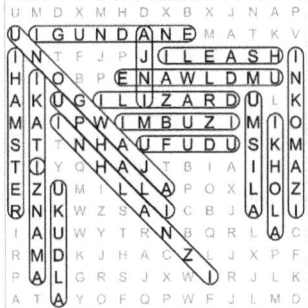

99 - Jazz

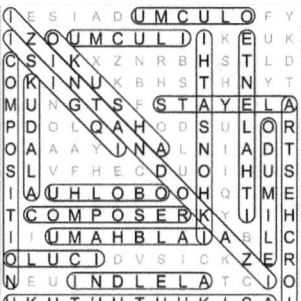

100 - Nature

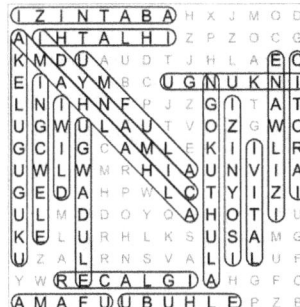

Dictionary

Adjectives #1
Iziphawulo #1

Absolute	Absolute
Ambitious	Abemitious
Aromatic	I-Aromaic
Artistic	Artistic
Attractive	Okukhangelayo
Beautiful	Amahle
Dark	Okumnyama
Exotic	Exotic
Generous	Ephansi
Happy	Jabule
Heavy	Kunzima
Helpful	Okusizo
Honest	Uthembeka
Identical	I-Identical
Important	Kubalulekile
Modern	Okwesizulu
Serious	Serious
Slow	Kahle
Thin	Zacile
Valuable	Iqiniso

Adjectives #2
Iziphawulo #2

Authentic	Iqiniso
Creative	Okudalayo
Descriptive	Incazelo
Dry	Yomile
Elegant	Kahle
Famous	Odumile
Gifted	Inezipho
Healthy	Impilo
Hot	Okushisayo
Hungry	Ulambile
Interesting	Okuthakaza
Natural	Zemvelo
New	Okusha
Productive	Okuvela
Proud	Iyaqhosha
Responsible	Ongaphezulu
Salty	Usawoti
Sleepy	Ulele
Strong	Amandla
Wild	I-Wild

Airplanes
Izindiza

Adventure	Izigigaba
Air	Umoya
Altitude	Uphakathi
Atmosphere	Umkhathi
Balloon	Ibhuni
Construction	Ukwakhiwa
Crew	Abasebenzi
Descent	Dscent
Design	Klanywa
Direction	I-Direction
Engine	Injini
Fuel	Fuel
Height	Ubude
History	Umlando
Hydrogen	I-Hydrojeni
Landing	Ukuhlala
Passenger	Umgijimi
Propellers	Propellers
Sky	I-Sky
Turbulence	Isixaphezulu

Algebra
I-Algebra

Addition	I-Addition
Diagram	I-Diagram
Equation	Equation
Exponent	I-Exponent
Factor	Factor
False	Amanga
Formula	Ifomu
Fraction	Isiqephu
Graph	Graph
Infinite	Infinite
Matrix	Matrix
Parenthesis	Abazali
Problem	Inkinga
Quantity	Quantity
Simplify	Yenza Lulule
Solution	Isixazululo
Subtraction	Ukukhipha
Variable	Variable

Antarctica
I-Antarctica

Bay	I-Bay
Birds	Izinyoni
Clouds	Amafu
Conservation	Ukugcinwa
Continent	Izwethu
Environment	Ezimo
Expedition	Uhambo
Geography	Igeografi
Glaciers	I-Glacers
Ice	Ice
Islands	Iziqhinga
Migration	Ukufuduka
Penguins	Amapenguin
Peninsula	Ipeninsula
Researcher	Umhloli
Rocky	I-Rocky
Scientific	Isayensi
Temperature	Temperature
Topography	I-Topography
Water	Amanzi

Antiques
Izinto Zasendulo

Art	Ubuciko
Auction	Inndali
Authentic	Iqiniso
Coins	Izimali
Condition	Isimo
Decades	Amashumi
Decorative	Okuhlobisa
Elegant	Kahle
Furniture	Ifunisha
Gallery	Igalari
Item	Into
Jewelry	Ubuchwepheshe
Old	Kudala
Paintings	Imipendi
Price	Price
Quality	Iquality
Sculpture	Isicwangciso
Style	Stayela

Archeology
Imivubukulo

Analysis	Uhlaziyo
Ancient	Amandulo
Antiquity	Ubudala
Bones	Amathambo
Civilization	Impucuko
Descendant	Uzalo
Era	I-Era
Evaluation	Ukuhlola
Expert	Uchwepheshe
Findings	Izithombe
Forgotten	Khohlwa
Fossil	Fossil
Mystery	Imfihlo
Objects	Izinto
Relic	I-Relic
Researcher	Umhloli
Team	Team
Temple	Ithempeli
Tomb	Thuna
Unknown	Ongaziwayo

Art
Art

Ceramic	Ceramic
Complex	Inkimbinkimbi
Composition	Composition
Create	Dala
Expression	Isivivinyo
Figure	Umfanekiso
Honest	Uthembeka
Inspired	Kugqugquzelwe
Mood	I-Mood
Original	Okokuqala
Paintings	Imipendi
Poetry	Izinkondlo
Sculpture	Isicwangciso
Simple	Okulula
Subject	Subject
Surrealism	I-Surrealism
Symbol	I-Symbol
Visual	Okubonakalayo

Art Supplies
Izimpahla Zobuciko

Acrylic	I-Acrylic
Brushes	Amabrhishi
Camera	Ikhamera
Chair	Isihlalo
Clay	Ubumba
Crayons	Amakhrayoni
Creativity	Ubudala
Easel	I-Easel
Eraser	I-Eraser
Glue	Iglue
Ideas	Imibono
Ink	Ink
Oil	Amafutha
Paper	Iphepha
Pastels	I-Pastels
Table	Itafula
Water	Amanzi

Astronomy
Isayensi Yezinkanyezi

Asteroid	I-Asteroid
Astronaut	I-Astronaut
Astronomer	I-Astronomer
Constellation	Umlaza
Cosmos	I-Cosmos
Earth	Umhlaba
Eclipse	I-Eclipse
Equinox	I-Equinox
Galaxy	I-Galaxy
Meteor	I-Meteor
Moon	Inyanga
Observatory	Observatory
Planet	Iplanethi
Radiation	Imisa
Rocket	Rocket
Satellite	I-Satellite
Sky	I-Sky
Solar	I-Solar
Supernova	I-Supernova
Zodiac	I-Zodiac

Ballet
I-Ballet

Artistic	Artistic
Audience	Izithameli
Ballerina	I-Balerina
Composer	Composer
Dancers	Abadsi
Expressive	Okuvelayo
Gesture	Isithombe
Graceful	Umusa
Intensity	Amandla
Muscles	Imisipha
Music	Umculo
Orchestra	I-Orchestra
Practice	Practice
Rhythm	Isigqi
Style	Stayela
Technique	Indlela

Barbecues
Ama-Barbecues

Children	Izingane
Family	Umndeni
Food	Ukudla
Forks	Izifoko
Friends	Abangane
Fruit	Isithelo
Games	Imidlalo
Grill	Igili
Hot	Okushisayo
Hunger	Indlala
Knives	Imimese
Music	Umculo
Onions	U-Anyanisi
Pepper	Upelepele
Salads	Amasaladi
Salt	Usawoti
Sauce	I-Sauce
Summer	Ihlobo
Tomatoes	Uthando
Vegetables	Imifino

Bathroom
Igumbi Lokugezela

Bath	Geza
Bubbles	Amabhwebhu
Faucet	I-Faucet
Lotion	I-Lotion
Mirror	Isibuko
Perfume	Amakha
Rug	I-Rug
Scissors	Isikwe
Shampoo	Ishampoo
Shower	Ishasha
Soap	Insipho
Sponge	Isiponge
Steam	I-Steam
Toilet	I-Toilet
Towel	Ithawula
Water	Amanzi

Beach
Ibhishi

Blue	Okublu
Boat	Isikebhe
Coast	Ogweni
Crab	Udoti
Dock	Idock
Island	Isiqhingi
Lagoon	I-Lagoon
Reef	I-Reef
Sailboat	Isikhibhana
Sand	Isandla
Sandals	Izimbathu
Sea	Ulwandle
Sun	Ilanga
Towel	Ithawula
Umbrella	Umbrella
Vacation	Ivacation

Beauty
Ubuhle

Charm	I-Charm
Color	Umbala
Cosmetics	Izimonyo
Curls	Curls
Elegant	Kahle
Fragrance	Amakha
Grace	Umusa
Lipstick	Lipstick
Makeup	Ukulungisa
Mascara	Mascara
Mirror	Isibuko
Oils	Amafutha
Photogenic	Photogenic
Products	Imikhiqizo
Scent	I-Scent
Scissors	Isikwe
Services	Izinkonzo
Shampoo	Ishampoo
Skin	Isikhumba
Stylist	Stylist

Bees
Izinyosi

Beneficial	Iyazuza
Diversity	Ukuhlukanuka
Ecosystem	I-Ecosystem
Flowers	Izimbali
Food	Ukudla
Fruit	Isithelo
Garden	Injani
Habitat	I-Habitat
Honey	Uju
Insect	Insect
Plants	Izitala
Pollen	Ipoleni
Pollinator	Pollinator
Queen	Queen
Smoke	Shuma
Sun	Ilanga
Swarm	Inhlangano
Wax	Wax
Wings	Izimpilo

Birds
Izinyoni

Canary	I-Canary
Crow	Igweba
Cuckoo	I-Cuckoo
Duck	Idada
Eagle	Ukhozi
Egg	I-Egg
Flamingo	Flamingo
Goose	Ihansi
Gull	I-Gull
Hawk	Hawk
Heron	I-Heron
Ostrich	Intshe
Parrot	Uphali
Peacock	Uphikhosi
Pelican	Pelican
Penguin	I-Penguin
Sparrow	I-Sparrow
Stork	Stork
Swan	I-Swan
Toucan	Toucan

Boats
Izikebhe

Anchor	I-Anchor
Buoy	Ibhuyi
Canoe	I-Canoe
Crew	Abasebenzi
Dock	Idock
Engine	Injini
Ferry	Isikebhe
Kayak	Kayak
Lake	Ichibi
Mast	I-Mast
Nautical	I-Nautical
Raft	I-Raft
River	Umfula
Rope	Intambo
Sailboat	Isikhibhana
Sailor	Itilosi
Sea	Ulwandle
Tide	I-Tide
Waves	Amaza
Yacht	Yacht

Books
Izincwadi

Adventure	Izigigaba
Collection	Iqoqo
Context	Umongo
Duality	I-Duality
Epic	I-Epic
Historical	Umlando
Humorous	Amahlaya
Inventive	Imvumelwano
Literary	Izibhalo
Narrator	Umlandeli
Novel	Inoveli
Page	Page
Poem	Inkondlo
Poetry	Izinkondlo
Reader	Mfundi
Relevant	Okufanelekile
Series	Uchungechunge
Story	Indaba
Tragic	I-Tragic
Written	Okubhalwe

Boxing
Isibhakela

Bell	Inkolo
Body	Umzimba
Chin	Isilevu
Corner	Ikhona
Elbow	Indololwane
Exhausted	Ukhathele
Fighter	Umlwa
Fist	Isiqinisekiso
Focus	Focus
Gloves	Amaglovu
Injuries	Ukulimala
Kick	Khipha
Opponent	Umphiki
Quick	Shesha
Recovery	Ukulamula
Referee	Unompempe
Strength	Amandla

Buildings
Izakhiwo

Apartment	I-Apartment
Barn	Ingaba
Cabin	I-Cabin
Castle	I-Castle
Cinema	Icinema
Embassy	I-Embassy
Factory	Ifekhi
Hospital	Isibhedlela
Hostel	Ihhostela
Hotel	Ihhotela
Laboratory	Ilabhorethri
Museum	Imuseum
Observatory	Observatory
School	Isikole
Stadium	Stadium
Supermarket	Isuphamakethe
Tent	Itente
Theater	Intshayelelo
Tower	Umbuzo
University	Inyuvesi

Business
Ibhizinisi

Budget	Isabelomali
Career	Umsebenzi
Company	Inkampani
Cost	Izindleko
Discount	I-Discount
Economics	Ezomnotho
Employee	Isisebenzi
Employer	Umqashi
Factory	Ifekhi
Finance	Izimali
Income	Ingeniso
Manager	Umphathi
Merchandise	Okudayiswa
Money	Imali
Office	Ihhovisi
Profit	Inzuzo
Sale	Ukudayiswa
Shop	Thenga
Taxes	Izintela
Transaction	Transation

Camping
Ukukhempa

Adventure	Izigigaba
Animals	Izilwane
Cabin	I-Cabin
Canoe	I-Canoe
Compass	I-Compass
Fire	Umlilo
Forest	Ihlathi
Fun	Umnandi
Hammock	I-Hammock
Hat	Isigqaba
Hunting	Uzingo
Insect	Insect
Lake	Ichibi
Map	Imap
Moon	Inyanga
Mountain	Intaba
Nature	Imvelo
Rope	Intambo
Tent	Itente
Trees	Izihlahla

Chemistry
I-Chemistry

Acid	I-Acid
Alkaline	I-Alkaline
Atomic	I-Atomic
Carbon	Ikhaboni
Catalyst	I-Catalyst
Chlorine	I-Chlorine
Electron	I-Electron
Enzyme	I-Ennyme
Gas	Igas
Heat	Ukushisa
Hydrogen	I-Hydrojeni
Ion	I-Ion
Liquid	I-Liquid
Molecule	I-Molecule
Nuclear	I-Nuclear
Organic	I-Organic
Oxygen	I-Oksini
Salt	Usawoti
Temperature	Temperature
Weight	Isisindo

Chocolate
Ushokoledi

Antioxidant	I-Antioxidant
Bitter	Okubuya
Cacao	I-Cacao
Calories	Amakhalori
Caramel	I-Caramel
Coconut	Ukhukhunathi
Craving	Ukuhamba
Delicious	Okunandi
Exotic	Exotic
Favorite	Intando
Flavor	I-Flavour
Ingredient	Isithako
Quality	Iquality
Recipe	Iresiphi
Sugar	Ushukela
Sweet	Emnandi
Taste	Ukunambisa

Circus
Isekisi

Acrobat	I-Acrobat
Animals	Izilwane
Balloons	Amabhaloni
Clown	Iclowane
Costume	Imvunulo
Elephant	Ndlovu
Juggler	I-Juggler
Lion	Ibhubezi
Magic	Umthetho
Monkey	Inkawu
Music	Umculo
Parade	I-Parade
Show	Bonisa
Spectacular	I-Spectacular
Spectator	Isibiki
Tent	Itente
Tiger	I-Tiger
Trick	Trick

Climbing
Ukukhuphuka

Altitude	Uphakathi
Atmosphere	Umkhathi
Boots	Amabhuthu
Cave	Umgede
Curiosity	Ilukuluku
Expert	Uchwepheshe
Gloves	Amaglovu
Helmet	I-Hemet
Hiking	Ukuhamba
Injury	Ukulimala
Map	Imap
Narrow	Incinci
Physical	Emzimbeni
Stability	Ukuzindla
Strength	Amandla
Terrain	Terrain
Training	Ukuqeqeshwa

Clothes
Izingubo

Apron	I-Apron
Belt	Ibhandla
Blouse	Ibhayibhezi
Bracelet	I-Bracelet
Coat	Ijazi
Dress	Gcokama
Fashion	Ifeshini
Gloves	Amaglovu
Hat	Isigqaba
Jacket	Ijakhethi
Jeans	Ujean
Jewelry	Ubuchwepheshe
Pajamas	I-Pajamas
Pants	Amabhululeki
Sandals	Izimbathu
Scarf	Isikhafu
Shirt	Ishidi
Shoe	Isicathulo
Skirt	Isikirt
Sweater	I-Sweater

Coffee
Ikhofi

Acidic	I-Acidic
Bitter	Okubuya
Black	Emnyama
Caffeine	I-Caffeine
Cream	I-Cream
Cup	Cup
Filter	Isihlungi
Flavor	I-Flavour
Grind	Gya
Liquid	I-Liquid
Milk	Ubisi
Morning	Ekuseni
Origin	Origin
Price	Price
Roasted	Okugazingiwe
Sugar	Ushukela
Variety	Izinhloko
Water	Amanzi

Cooking Tools
Amathuluzi Okupheka

Blender	I-Blender
Colander	I-Colander
Cutlery	Cutlery
Fork	Ifoko
Grater	I-Grter
Juicer	I-Juicer
Kettle	I-Kettle
Knife	Ummese
Lid	Isivivinyo
Oven	Uhhovisi
Refrigerator	Isiqinisekiso
Scissors	Isikwe
Spatula	I-Spatula
Spoon	Ikhefu
Stove	Isitovu
Thermometer	I-Thermometer
Toaster	I-Toaster

Countries #1
Amazwe #1

Brazil	Ebrazil
Canada	Ecanada
Egypt	I-Egypt
Finland	Finland
Germany	Ejalimane
Iraq	I-Iraq
Israel	Israyeli
Italy	E-Italy
Latvia	I-Latvia
Libya	Libya
Morocco	Morocco
Nicaragua	Nicaragua
Norway	Enorway
Panama	Ipanama
Poland	Epholand
Romania	Eromania
Senegal	Esenegal
Spain	Espain
Venezuela	Venezuela
Vietnam	I-Vietnam

Countries #2
Amazwe #2

Albania	E-Albania
Denmark	Idenmark
Ethiopia	Ethiopia
Greece	Greece
Haiti	Haiti
Jamaica	Jamaica
Japan	Ejapane
Laos	I-Laos
Lebanon	Lebanon
Liberia	Liberia
Mexico	Emexico
Nepal	I-Nepal
Nigeria	Nigeria
Pakistan	Ipakistan
Russia	E-Russia
Somalia	Esomalia
Sudan	E-Sudan
Syria	I-Syria
Uganda	E-Uganda
Ukraine	I-Ukraine

Days and Months
Izinsuku Nezinyanga

August	August
Calendar	Ikhalenda
December	Disemba
February	February
Friday	Ulwesihlanu
January	January
July	July
March	March
Monday	Umsombuluko
Month	Inyanga
November	Novemba
October	October
Saturday	Umgqibelo
September	September
Sunday	Ngesonto
Thursday	Ulwesine
Tuesday	Lwesibili
Week	Iviki
Year	Unyaka

Diplomacy
I-Diplomacy

Adviser	Adviser
Ambassador	Inxuswa
Campaigns	Imikhankaso
Citizens	Izakhamuzi
Civic	Civic
Community	Umphakathi
Conflict	Ingxabano
Cooperation	Ukubambisana
Diplomatic	I-Diplomatic
Discussion	Ingxoxo
Embassy	I-Embassy
Ethics	Okuziphatha
Government	Uhulumeni
Integrity	Ubuqotho
Justice	Ubulungisa
Languages	Izilimi
Politics	Ezepolitiki
Security	Ukuphepha
Solution	Isixazululo
Treaty	Isivumelwano

Driving
Ukushayela

Brakes	Amabreki
Bus	Ibhasi
Car	Imoto
Danger	Ingozi
Driver	Umshayeli
Fuel	Fuel
Garage	Igaraji
Gas	Igas
License	Ilayisense
Map	Imap
Motor	Motor
Motorcycle	Isithuthuthu
Police	Amaphoyisa
Safety	Ukuphepha
Speed	Isivivinyo
Street	Umgwaqo
Traffic	Traffic
Transportation	Ezokuthutha
Truck	Ithola
Tunnel	Tunnel

Ecology
I-Ecology

Climate	Isimo Sezulu
Communities	Imiphakathi
Diversity	Ukuhlukanuka
Drought	Isomiso
Flora	Uflora
Habitat	I-Habitat
Marine	Marine
Marsh	Umarsh
Mountains	Izintaba
Natural	Zemvelo
Nature	Imvelo
Plants	Izitala
Species	Izihloko
Survival	Ukusinda
Variety	Izinhloko
Vegetation	Izinhlaza
Volunteers	Amavolontiya

Emotions
Imizwa

Anger	Intukuthelo
Bliss	Thokoza
Boredom	Isiduku
Content	Okuqukethwe
Embarrassed	Amahloni
Fear	Ukwesaba
Grateful	Ngiyabonga
Joy	Injabulo
Kindness	Umusa
Love	Uthando
Peace	Ukuthula
Relief	Ukuphumula
Sadness	Usizi
Satisfied	Anelisekile
Sympathy	Ukudwela
Tenderness	Ukuthembeka
Tranquility	Ukutholakala

Energy
Amandla

Battery	Ibhethi
Carbon	Ikhaboni
Diesel	Udizisi
Electric	Electric
Electron	I-Electron
Engine	Injini
Entropy	Entropy
Environment	Ezimo
Fuel	Fuel
Gasoline	Ugasoli
Heat	Ukushisa
Hydrogen	I-Hydrojeni
Industry	Industry
Motor	Motor
Nuclear	I-Nuclear
Photon	Isithombe
Pollution	Ukungcola
Renewable	Okuvuselelwa
Turbine	I-Turbine
Wind	Umoya

Engineering
Ubunjiniyela

Axis	I-Axis
Calculation	Izibalo
Construction	Ukwakhiwa
Depth	Ukujula
Diagram	I-Diagram
Diameter	I-Diameter
Diesel	Udizisi
Distribution	Ukusabala
Energy	Amandla
Engine	Injini
Friction	Friction
Gears	Amagiyisi
Levers	I-Levers
Liquid	I-Liquid
Machine	Umshini
Measurement	Isilinganiso
Motor	Motor
Propulsion	I-Propulsion
Stability	Ukuzindla
Structure	Isakhiwo

Ethics
Izimiso Zokuziphatha

Altruism	I-Altrism
Benevolent	Enevolent
Compassion	Isihe
Cooperation	Ukubambisana
Dignity	Isithunzi
Diplomatic	I-Diplomatic
Honesty	Uthembeko
Humanity	Ubuntu
Integrity	Ubuqotho
Kindness	Umusa
Optimism	Amathemba
Patience	Ukubekezela
Philosophy	Ifilosofi
Rationality	Ukuhlupheka
Realism	Ngempela
Reasonable	Iyaqhubeka
Respectful	Ngenhlonipho
Values	Izithombe
Wisdom	Ukuhlakanipha

Family
Umndeni

Ancestor	Amadlozi
Aunt	U-Aunt
Brother	Umzalwane
Child	Ingane
Childhood	Ubuntwana
Children	Izingane
Cousin	Umzala
Daughter	Indodakazi
Father	Ubaba
Grandfather	Umkhulu
Grandmother	Ugogo
Grandson	Umzukulu
Husband	Umyeni
Mother	Umama
Nephew	Umshana
Niece	U-Niece
Paternal	Paternal
Twins	Amawele
Uncle	Malume
Wife	Umfazi

Farm #1
Ipulazi #1

Agriculture	Ezolimo
Bee	Bee
Bison	I-Bison
Calf	Inkole
Cat	Ikati
Cow	Inkomazi
Crow	Igweba
Dog	Inja
Donkey	Imbongolo
Fence	Uthango
Fertilizer	Umvundi
Field	Insimu
Flock	Umhlambi
Goat	Imbuzi
Hay	Hayi
Honey	Uju
Horse	Ihhashi
Rice	Ilasi
Seeds	Imbewu
Water	Amanzi

Farm #2
Ipulazi #2

Animals	Izilwane
Barley	Ibhale
Barn	Ingaba
Beehive	Beehive
Corn	Ukolweni
Duck	Idada
Farmer	Mlimi
Food	Ukudla
Fruit	Isithelo
Irrigation	Ukunkasa
Meadow	I-Meadow
Milk	Ubisi
Sheep	Izimvu
Shepherd	Umalusi
Tractor	Utalakta
Vegetable	Imifino
Wheat	Ukolo
Windmill	I-Windmill

Fashion
Imfashini

Boutique	Boutique
Buttons	Izinkinobho
Clothing	Izingubo
Elegant	Kahle
Embroidery	Embroidery
Expensive	Iyabiza
Lace	I-Lace
Measurements	Izilinganiso
Minimalist	Minimalist
Modern	Okwesizulu
Modest	Izithombe
Original	Okokuqala
Pattern	I-Pattern
Practical	Okusebenza
Simple	Okulula
Style	Stayela
Texture	Ukubukeka
Trend	I-Trend

Flowers
Izimbali

Bouquet	I-Bouquet
Calendula	I-Calendula
Clover	I-Clover
Daffodil	I-Daffodil
Daisy	Daisy
Dandelion	I-Dandelion
Gardenia	Igardenia
Hibiscus	I-Hibiscus
Jasmine	Ujasmine
Lavender	I-Laveder
Magnolia	I-Magnolia
Orchid	I-Orchid
Peony	I-Peony
Petal	I-Petal
Plumeria	Plumeria
Poppy	I-Poppy
Sunflower	Ilanga
Tulip	Tulip

Food #1
Ukudla #1

Apricot	Ibhilikosi
Barley	Ibhale
Basil	Basil
Carrot	Isaqathe
Cinnamon	Isinamoni
Garlic	Ugaliki
Juice	Ujusi
Lemon	Ilamuna
Milk	Ubisi
Onion	U-Anyanini
Peanut	I-Peanut
Pear	Ipheya
Salad	Isalad
Salt	Usawoti
Soup	Isopho
Spinach	Isipinashi
Strawberry	Ijikijolo
Sugar	Ushukela
Tuna	Tuna
Turnip	Ijimbu

Food #2
Ukudla #2

Almond	I-Almond
Apple	I-Apula
Artichoke	I-Artichoke
Asparagus	I-Asparagus
Banana	Ibhanana
Bread	Isinkwa
Broccoli	I-Broccoli
Celery	I-Celery
Cheese	Ushizi
Chocolate	Ushokholethi
Egg	I-Egg
Fish	Inhlanzi
Grape	Igilipi
Ham	Itshweba
Kiwi	Ikiwi
Mushroom	Ikhowe
Rice	Ilasi
Tomato	Utamatisi
Wheat	Ukolo
Yogurt	Iyoguthi

Force and Gravity
Amandla Kanye Namandla A

Axis	I-Axis
Center	Centre
Discovery	Ukuthola
Distance	Distance
Dynamic	I-Dynamic
Expansion	Ukukhula
Friction	Friction
Magnetism	I-Magnettism
Magnitude	Ubukhulu
Mechanics	Imicandela
Motion	Ukunyakaza
Orbit	Umzimba
Physics	I-Physics
Planets	Amaplanethi
Pressure	Ingcindezi
Properties	Izimpahla
Speed	Isivivinyo
Time	Isikhathi
Universal	Universal
Weight	Isisindo

Fruit
Isithelo

Apple	I-Apula
Apricot	Ibhilikosi
Avocado	Ukwatapheya
Banana	Ibhanana
Berry	Iberry
Blackberry	Blackberry
Coconut	Ukhukhunathi
Fig	I-Fig
Grape	Igilipi
Guava	I-Guava
Kiwi	Ikiwi
Lemon	Ilamuna
Mango	I-Mango
Melon	I-Melon
Nectarine	I-Nectarine
Orange	Iwolintshi
Papaya	I-Papaya
Peach	Ipentshisi
Pear	Ipheya
Pineapple	Uphayinaphu

Furniture
Ifenisha

Armchair	I-Armchair
Armoire	I-Armoire
Bed	Ubed
Bench	Ibhnshi
Chair	Isihlalo
Comforters	Abaduduzi
Couch	Umhlaba
Curtains	Amakhethini
Cushions	Imithetho
Dresser	Dresser
Futon	I-Futon
Hammock	I-Hammock
Lamp	I-Lamp
Mattress	Umatisi
Mirror	Isibuko
Pillow	Umqalo
Rug	I-Rug
Shelves	Amashelufu

Garden
Ingadi

Bench	Ibhnshi
Fence	Uthango
Flower	Imbali
Garage	Igaraji
Garden	Injani
Grass	Unyazi
Hammock	I-Hammock
Hose	I-Hose
Pond	I-Pond
Rake	Rake
Rocks	Amandla
Shovel	Shovel
Soil	Umhlaba
Terrace	Terrace
Trampoline	I-Trampoline
Tree	Isihlahla
Weeds	Ukhula

Gardening
Ukulima

Botanical	I-Botanical
Bouquet	I-Bouquet
Climate	Isimo Sezulu
Compost	Compost
Container	Isithombe
Dirt	Ukungcola
Edible	Okudlelayo
Exotic	Exotic
Floral	Izimbali
Foliage	Amahlahla
Hose	I-Hose
Leaf	Ikhefu
Moisture	Umsuka
Seasonal	Ngesikhathi
Seeds	Imbewu
Soil	Umhlaba
Species	Izihloko
Water	Amanzi

Geography
Ijografi

Altitude	Uphakathi
Atlas	I-Atlas
City	City
Continent	Izwethu
Country	Izwe
Equator	I-Equator
Hemisphere	I-Hemisphere
Island	Isiqhingi
Latitude	Isikhathi
Map	Imap
Meridian	Meridian
Mountain	Intaba
North	Enyakatho
Region	Isifunda
River	Umfula
Sea	Ulwandle
South	Iningizimu
Territory	Territory
West	I-West
World	Umhlaba

Geology
I-Geology

Acid	I-Acid
Calcium	I-Calcium
Cavern	I-Cavern
Continent	Izwethu
Coral	I-Coral
Crystals	Amakhristu
Cycles	Imibhayibheli
Erosion	Ukuguguleka
Fossil	Fossil
Geyser	I-Geyser
Lava	I-Lava
Layer	Usekani
Plateau	Iplateau
Quartz	I-Quartz
Salt	Usawoti
Stalactite	Stalactite
Stalagmites	I-Stalagmites
Stone	Itshe
Volcano	I-Volcano
Zone	I-Zone

Geometry
Ijiyomethri

Calculation	Izibalo
Circle	Circle
Curve	Ikhefu
Diameter	I-Diameter
Dimension	Dimension
Equation	Equation
Height	Ubude
Horizontal	I-Horizontal
Logic	Logic
Mass	Imisa
Median	Imidian
Parallel	Phambili
Perpendicular	Perpendicular
Proportion	I-Proportion
Segment	Segment
Surface	Umhlaba
Symmetry	Symmetry
Theory	Itheri
Triangle	Utriangle
Vertical	Okumile

Government
Uhulumeni

Citizenship	Isakhamuzi
Civil	I-Civil
Democracy	Idemokrasi
Discussion	Ingxoxo
District	Isifunda
Equality	Ukulingana
Independence	Uzimu
Judicial	Amajaji
Justice	Ubulungisa
Law	Umthetho
Leader	Umholi
Liberty	Inkululeko
Monument	Monument
Nation	Isizwe
Peaceful	Ngokuthula
Politics	Ezepolitiki
Power	Amandla
Rights	Amalungelo
Speech	Inkulumo
Symbol	I-Symbol

Hair Types
Izinhlobo Zezinwele

Bald	Impahla
Black	Emnyama
Blond	Okumhlophe
Braided	Abuka
Braids	I-Braids
Brown	Onsundu
Colored	Amabala
Curls	Curls
Curly	Okugoqene
Dry	Yomile
Gray	Okumpuvu
Healthy	Impilo
Long	Isinde
Silver	Isiliva
Smooth	Okubuthelele
Soft	I-Soft
Thick	Iqinile
Thin	Zacile
White	Emhlophe

Health and Wellness #1
Impilo Nokuphila #1

Active	Okusebenza
Bacteria	Amagciwane
Bones	Amathambo
Clinic	Ukliniki
Doctor	Udokotela
Fracture	Ukuhluka
Habit	Umkhuba
Height	Ubude
Hormones	Amahomoni
Hunger	Indlala
Injury	Ukulimala
Medicine	Umuthi
Muscles	Imisipha
Nerves	Izindaba
Pharmacy	Ikhemasi
Reflex	Reflex
Relaxation	Ukuphumula
Skin	Isikhumba
Treatment	Ukwelashwa
Virus	Igciwane

Health and Wellness #2
Impilo Nokuphila #2

Allergy	Ukwaliwa
Anatomy	I-Anatomy
Appetite	Ukudla
Blood	Igazi
Calorie	Ikhalori
Digestion	Ukugaya
Disease	Isifo
Energy	Amandla
Genetics	Ufuzo
Healthy	Impilo
Hospital	Isibhedlela
Hygiene	Inhlanzeko
Infection	Ukuthelelana
Massage	Massage
Mood	I-Mood
Recovery	Ukulamula
Sleep	Lala
Stress	Ukuqiniseka
Vitamin	I-Vitamin
Weight	Isisindo

Herbalism
I-Herbalism

Aromatic	I-Aromaic
Basil	Basil
Beneficial	Iyazuza
Culinary	I-Culinary
Fennel	I-Fennel
Flavor	I-Flavour
Flower	Imbali
Garden	Injani
Garlic	Ugaliki
Green	Okuluhlaza
Ingredient	Isithako
Lavender	I-Laveder
Marjoram	Marjoram
Mint	I-Mint
Oregano	U-Oregano
Parsley	I-Parsley
Plant	Tshala
Rosemary	Rosemary
Saffron	I-Saffron
Tarragon	I-Tarragon

Hiking
Ukuhamba Ngezinyawo

Animals	Izilwane
Boots	Amabhuthu
Cliff	I-Cliff
Climate	Isimo Sezulu
Hazards	Izingozi
Heavy	Kunzima
Map	Imap
Mountain	Intaba
Nature	Imvelo
Orientation	Umumo
Parks	Amaphaki
Stones	Amatshe
Summit	I-Summit
Sun	Ilanga
Tired	Ukhathele
Water	Amanzi
Wild	I-Wild

House
Indlu

Attic	I-Attic
Broom	Umshayelo
Curtains	Amakhethini
Door	Umnyango
Fence	Uthango
Fireplace	I-Fireplace
Floor	Isiseko
Furniture	Ifunisha
Garage	Igaraji
Garden	Injani
Keys	Izikhiye
Kitchen	Ikhishi
Lamp	I-Lamp
Library	I-Library
Mirror	Isibuko
Roof	Uphahla
Room	Igumbi
Shower	Ishasha
Wall	Udonga
Window	Ifasele

Human Body
Umzimba Womuntu

Ankle	I-Ankle
Blood	Igazi
Bones	Amathambo
Brain	Ubuchopho
Chin	Isilevu
Ear	Indlebe
Elbow	Indololwane
Face	Ubuso
Finger	Umunwe
Hand	Isandla
Head	Ikhanda
Heart	Inhliziyo
Jaw	Ujawu
Knee	Udolo
Leg	Umlenze
Mouth	Umlomo
Neck	Igcokama
Nose	Ikhala
Shoulder	Igamba
Skin	Isikhumba

Insects
Izinambuzane

Ant	Intuthu
Aphid	I-Aphid
Bee	Bee
Beetle	Ibhethi
Butterfly	Uvavanyo
Cicada	Ciada
Cockroach	Iqhele
Dragonfly	I-Dragonfly
Flea	Izeze
Grasshopper	Intezi
Hornet	I-Hornet
Ladybug	Ladybug
Larva	I-Larva
Mantis	Umantis
Mosquito	Umnyane
Moth	Inyanga
Termite	Termite
Wasp	Wasp
Worm	Isibungu

Jazz
I-Jazz

Album	I-Albhamu
Artist	Umculi
Composer	Composer
Composition	Composition
Concert	Ikhonsathi
Emphasis	Okugqibeleka
Famous	Odumile
Favorites	Izintandokazi
Genre	Uhlobo
Improvisation	Ukuthuthukisa
Music	Umculo
New	Okusha
Old	Kudala
Orchestra	I-Orchestra
Rhythm	Isigqi
Song	Iculo
Style	Stayela
Talent	Ithalente
Technique	Indlela

Kitchen
Ikhishi

Apron	I-Apron
Bowl	Ibhuku
Chopsticks	Izingwazi
Cups	Izindebe
Food	Ukudla
Forks	Izifoko
Freezer	I-Frerzer
Grill	Igili
Jug	I-Jug
Kettle	I-Kettle
Knives	Imimese
Napkin	I-Napkin
Oven	Uhhovisi
Recipe	Iresiphi
Refrigerator	Isiqinisekiso
Spices	Izinongo
Sponge	Isiponge
Spoons	Izikhefu

Landscapes
Izindawo

Beach	Eshishini
Cave	Umgede
Cliff	I-Cliff
Desert	Ugwadule
Geyser	I-Geyser
Glacier	I-Glacer
Hill	Igquma
Iceberg	I-Iceberg
Island	Isiqhingi
Lake	Ichibi
Mountain	Intaba
Oasis	I-Oasis
Peninsula	Ipeninsula
River	Umfula
Sea	Ulwandle
Swamp	I-Swamp
Tundra	I-Tundra
Valley	Isigodi
Volcano	I-Volcano
Waterfall	Amanzi

Literature
Izincwadi

Analogy	I-Analogy
Analysis	Uhlaziyo
Anecdote	I-Anecdote
Biography	Ibiyografi
Conclusion	Isiphetho
Critique	I-Critique
Description	Description
Dialogue	I-Dialogue
Fiction	Fiction
Metaphor	Isilinganiso
Narrator	Umlandeli
Novel	Inoveli
Opinion	Umbono
Poem	Inkondlo
Poetic	I-Poetic
Rhyme	I-Rhyme
Rhythm	Isigqi
Style	Stayela
Theme	Itimu
Tragedy	Usizi

Mammals
Izilwane Ezincelisayo

Bear	Bhebha
Beaver	I-Beaver
Bull	Inkunzi
Cat	Ikati
Coyote	I-Coyote
Dog	Inja
Dolphin	Udolphin
Elephant	Ndlovu
Fox	Inkungezi
Giraffe	Intlanganise
Gorilla	Gorilla
Horse	Ihhashi
Kangaroo	I-Kangaroo
Lion	Ibhubezi
Monkey	Inkawu
Rabbit	Unogwaja
Sheep	Izimvu
Whale	I-Whale
Wolf	Impisi
Zebra	Izebra

Math
Izibalo

Angles	Ama-Angles
Arithmetic	I-Arithmetic
Circumference	Isizinga
Decimal	Decimal
Diameter	I-Diameter
Equation	Equation
Exponent	I-Exponent
Fraction	Isiqephu
Geometry	I-Geometry
Numbers	Izinombolo
Parallel	Phambili
Parallelogram	I-Parallogram
Perimeter	Perimeter
Perpendicular	Perpendicular
Polygon	Iphoygoni
Radius	I-Radius
Rectangle	Uxande
Symmetry	Symmetry
Triangle	Utriangle
Volume	Umqulu

Measurements
Izilinganiso

Byte	Byte
Centimeter	Centtimeter
Decimal	Decimal
Degree	Isiqephu
Depth	Ukujula
Gram	Gram
Height	Ubude
Inch	Inch
Kilogram	Kilogram
Kilometer	Kilometer
Length	Length
Liter	Liter
Mass	Imisa
Meter	I-Meter
Minute	Minute
Ounce	Once
Ton	I-Ton
Volume	Umqulu
Weight	Isisindo
Width	Ubunzi

Meditation
Ukuzindla

Acceptance	Ukwamukela
Attention	Qaphela
Awake	Vuka
Clarity	Ukucaca
Compassion	Isihe
Gratitude	Ukubonga
Habits	Imikhuba
Happiness	Injabulo
Insight	Ukubonakala
Kindness	Umusa
Mental	Engqondo
Mind	Ingqondo
Movement	Ukuhamba
Music	Umculo
Nature	Imvelo
Peace	Ukuthula
Perspective	Umbono
Posture	Ukuma
Silence	Thula
Thoughts	Imicabango

Music
Umculo

Album	I-Albhamu
Ballad	Ballad
Chorus	Chorus
Classical	Ingasekho
Eclectic	I-Eclectic
Harmonic	I-Harmonic
Harmony	I-Harmony
Instrument	Instrument
Lyrical	I-Lyrical
Melody	Melody
Microphone	Imkrofoni
Musical	Omculo
Opera	I-Opera
Poetic	I-Poetic
Recording	Ukurekhoda
Rhythm	Isigqi
Rhythmic	Rhythmic
Sing	Culela
Singer	Umculi
Vocal	Vocal

Musical Instruments
Izinsimbi Zomculo

Banjo	Banjo
Bassoon	I-Bassoon
Cello	Cello
Clarinet	I-Clarinet
Drum	Idrum
Flute	Uflute
Gong	Igongo
Guitar	Isigca
Harmonica	Harmonica
Harp	I-Harp
Mandolin	I-Mandolin
Oboe	Oboe
Percussion	Percussion
Piano	Ipiano
Saxophone	I-Saxophone
Tambourine	I-Tambouine
Trombone	I-Trombone
Trumpet	Icilongo
Violin	I-Violin

Mythology
Inganekwane

Archetype	I-Archetype
Behavior	Ukuziphatha
Beliefs	Izinkolelo
Creation	Indalo
Creature	Isidalwa
Culture	Isiko
Deities	Amadeities
Disaster	Inhlekelele
Heaven	Izulu
Immortality	Ukungafi
Jealousy	Umona
Labyrinth	I-Labyrinth
Legend	I-Legend
Lightning	Unyazi
Monster	Isilo
Mortal	Ukufa
Revenge	Ukuphindezela
Strength	Amandla
Thunder	Ukudumo
Warrior	Iqhawe

Nature
Imvelo

Animals	Izilwane
Arctic	I-Arctic
Beauty	Ubuhle
Bees	Izinyosi
Clouds	Amafu
Desert	Ugwadule
Dynamic	I-Dynamic
Erosion	Ukuguguleka
Fog	Inkungu
Foliage	Amahlahla
Forest	Ihlathi
Glacier	I-Glacer
Mountains	Izintaba
Peaceful	Ngokuthula
River	Umfula
Sanctuary	Ingcwele
Tropical	I-Tropical
Vital	I-Vital
Wild	I-Wild

Nutrition
Ukudla Okunomsoco

Bitter	Okubuya
Calories	Amakhalori
Cereals	Izithombe
Diet	Ukudla
Digestion	Ukugaya
Edible	Okudlelayo
Fermentation	Ukubilela
Flavor	I-Flavour
Habits	Imikhuba
Health	Impilo
Liquids	Iziqinisekiso
Nutrient	I-Nutrient
Proteins	Amaphrotheni
Quality	Iquality
Sauce	I-Sauce
Spices	Izinongo
Toxin	Ubuthini
Vitamin	I-Vitamin
Weight	Isisindo

Ocean
Ulwandle

Boat	Isikebhe
Coral	I-Coral
Crab	Udoti
Dolphin	Udolphin
Eel	I-Eel
Fish	Inhlanzi
Jellyfish	Ijellyfish
Octopus	Ingwane
Oyster	Ukhwathu
Reef	I-Reef
Salt	Usawoti
Seaweed	Ulwandle
Shark	Ushaka
Shrimp	I-Shrimp
Sponge	Isiponge
Storm	Isivunguvungu
Tuna	Tuna
Turtle	Ufudu
Waves	Amaza
Whale	I-Whale

Pets
Izilwane Ezifuywayo

Cat	Ikati
Collar	Ikhola
Cow	Inkomazi
Dog	Inja
Fish	Inhlanzi
Food	Ukudla
Goat	Imbuzi
Hamster	I-Hamster
Leash	I-Leash
Lizard	I-Lizard
Mouse	Igundane
Parrot	Uphali
Puppy	Umdlwane
Rabbit	Unogwaja
Tail	Umsila
Turtle	Ufudu
Water	Amanzi

Photography
Izithombe

Black	Emnyama
Camera	Ikhamera
Color	Umbala
Composition	Composition
Contrast	Contrast
Darkness	Ubumnyama
Definition	Incazelo
Format	Ifomu
Frame	Uhlaka
Lighting	Ukukhanya
Object	Inhloso
Perspective	Umbono
Portrait	Isithombe
Shadows	Imithunzi
Subject	Subject
Texture	Ukubukeka
Visual	Okubonakalayo

Physics
I-Physics

Acceleration	Ukushesha
Atom	I-Atom
Chemical	Chemical
Density	Ukudina
Electron	I-Electron
Engine	Injini
Expansion	Ukukhula
Formula	Ifomu
Frequency	Ifrequency
Gas	Igas
Magnetism	I-Magnettism
Mass	Imisa
Mechanics	Imicandela
Molecule	I-Molecule
Nuclear	I-Nuclear
Particle	Ingxenye
Relativity	Ukuhlola
Speed	Isivivinyo
Universal	Universal
Velocity	Velocity

Plants
Izitshalo

Bamboo	I-Bamboo
Bean	Ubhinwe
Berry	Iberry
Botany	I-Botany
Cactus	I-Cactus
Fertilizer	Umvundi
Flora	Uflora
Flower	Imbali
Foliage	Amahlahla
Forest	Ihlathi
Garden	Injani
Grass	Unyazi
Herb	I-Herb
Ivy	Ivy
Leaf	Ikhefu
Moss	I-Moss
Petal	I-Petal
Root	Izimpande
Tree	Isihlahla
Vegetation	Izinhlaza

Professions #1
Imisebenzi #1

Ambassador	Inxuswa
Astronomer	I-Astronomer
Attorney	Ummeli
Banker	I-Banker
Cartographer	I-Cartograper
Coach	Umqeqeshi
Dancer	Umdansi
Doctor	Udokotela
Editor	Mhleli
Geologist	I-Geologist
Hunter	Hunter
Jeweler	Ijweler
Musician	Umculi
Nurse	Umhlengikazi
Pianist	Umpiani
Plumber	Plumber
Psychologist	Isazi Ngqondo
Sailor	Itilosi
Scientist	Isayensi
Tailor	I-Tailor

Psychology
Psychology

Assessment	Ukuhlola
Behavior	Ukuziphatha
Childhood	Ubuntwana
Clinical	Umholiko
Cognition	Ukuqhubeka
Conflict	Ingxabano
Dreams	Amaphupho
Ego	I-Ego
Experiences	Izinto
Ideas	Imibono
Memories	Izikhumbuzo
Perception	Perception
Personality	Umuntu
Problem	Inkinga
Reality	Iqiniso
Sensation	I-Sensation
Therapy	Ukwelashwa
Thoughts	Imicabango
Unconscious	Engakwazi

Restaurant #2
Indawo Yokudlela #2

Appetizer	I-Appetizer
Cake	Ikhekhe
Chair	Isihlalo
Delicious	Okunandi
Eggs	Amaqanda
Fish	Inhlanzi
Fork	Ifoko
Fruit	Isithelo
Ice	Ice
Noodles	Ama-Noodle
Salad	Isalad
Salt	Usawoti
Soup	Isopho
Spices	Izinongo
Spoon	Ikhefu
Vegetables	Imifino
Waiter	Weta
Water	Amanzi

Science Fiction
Inganekwane Yesayensi

Atomic	I-Atomic
Books	Izincwadi
Chemicals	Amakhemikhali
Cinema	Icinema
Clones	I-Clones
Dystopia	I-Dystopia
Explosion	Ukuqhubeka
Fantastic	I-Fantastic
Fire	Umlilo
Futuristic	Ifuturistic
Galaxy	I-Galaxy
Illusion	I-Illusion
Imaginary	Cabanga
Novels	Amanoveli
Oracle	I-Oracle
Planet	Iplanethi
Robots	Amarobhothi
Technology	Ubuchwepheshe
Utopia	Utopia
World	Umhlaba

Scientific Disciplines
Iziyalo Zesayensi

Anatomy	I-Anatomy
Archaeology	I-Archaeology
Astronomy	I-Astronomy
Biology	I-Bioloji
Botany	I-Botany
Chemistry	Ikhemistry
Ecology	I-Ecology
Geology	I-Geology
Immunology	I-Immunology
Kinesiology	Ikinesiology
Linguistics	Izilimi
Mechanics	Imicandela
Meteorology	I-Meteorology
Mineralogy	Imineralogy
Neurology	I-Neurology
Nutrition	Ukudla
Physiology	I-Physiology
Psychology	I-Psychology
Sociology	Isayensi
Zoology	I-Zoology

Shapes
Izimo

Arc	I-Arc
Circle	Circle
Cone	I-Cone
Corner	Ikhona
Cube	I-Cube
Curve	Ikhefu
Cylinder	Cylinder
Edges	Edges
Ellipse	Ellipse
Hyperbola	I-Hyperbola
Line	Umugqa
Oval	I-Oval
Polygon	Iphoygoni
Prism	I-Prism
Pyramid	Iphiramidi
Rectangle	Uxande
Side	Uside
Triangle	Utriangle

Spices
Izinongo

Anise	I-Anise
Bitter	Okubuya
Cardamom	Ikhadimomu
Cinnamon	Isinamoni
Coriander	I-Coriander
Cumin	Cumin
Curry	I-Curry
Fennel	I-Fennel
Fenugreek	I-Fenugreek
Flavor	I-Flavour
Garlic	Ugaliki
Ginger	Ujinga
Licorice	I-Licorice
Nutmeg	I-Nutmeg
Onion	U-Anyanini
Pepper	Upelepele
Saffron	I-Saffron
Salt	Usawoti
Sweet	Emnandi
Vanilla	I-Vanilla

Technology
Ubuchwepheshe

Blog	Iblog
Browser	Brwser
Bytes	Bytes
Camera	Ikhamera
Computer	Ikhompyutha
Cursor	Ikhesa
Data	Idatha
Digital	I-Digital
Display	Bonisa
Internet	I-Internet
Message	Umlayezo
Research	Ucwaningo
Screen	Isikrini
Security	Ukuphepha
Software	Software
Statistics	Izibalo
Virtual	I-Virtual
Virus	Igciwane

The Company
Inkampani

Business	Ibhizinisi
Creative	Okudalayo
Decision	Isinqumo
Employment	Umsebenzi
Industry	Industry
Innovative	Okusha
Possibility	Okungenzeka
Presentation	Isethulo
Product	Product
Professional	Ngochwepheshe
Progress	Intuthuko
Quality	Iquality
Reputation	Isidumo
Risks	Izingozi
Trends	Amandla
Units	Amanye
Wages	Imali

The Media
Abezindaba

Advertisements	Izikhangiso
Commercial	Ezokuthengisa
Communication	Ukuxhumana
Digital	I-Digital
Edition	Edition
Education	Imfundo
Industry	Industry
Intellectual	Ezengqondo
Local	Indawo
Network	Inethwiki
Newspapers	Izindaba
Online	Ku-Inthanethi
Opinion	Umbono
Photos	Izithombe
Public	Umphakathi
Radio	Umsakazo
Television	Ithelevishini

Time
Isikhathi

Annual	Ngonyaka
Before	Ngaphambili
Calendar	Ikhalenda
Clock	Iwashi
Day	Usuku
Decade	I-Decade
Early	Ngokushesha
Future	Ikusasa
Hour	Ihora
Minute	Minute
Month	Inyanga
Morning	Ekuseni
Night	Ebusuku
Noon	Emini
Now	Manje
Soon	Maduze
Today	Namuhla
Week	Iviki
Year	Unyaka
Yesterday	Izolo

Town
Idolobha

Bakery	Ibhakashi
Bank	Ibhange
Cinema	Icinema
Clinic	Ukliniki
Florist	I-Florist
Gallery	Igalari
Hotel	Ihhotela
Library	I-Library
Market	Imakethi
Museum	Imuseum
Pharmacy	Ikhemasi
School	Isikole
Stadium	Stadium
Store	Isitolo
Supermarket	Isuphamakethe
Theater	Intshayelelo
University	Inyuvesi
Zoo	I-Zoo

Universe
Umkhathi

Asteroid	I-Asteroid
Astronomer	I-Astronomer
Astronomy	I-Astronomy
Atmosphere	Umkhathi
Celestial	Esezulwini
Cosmic	I-Cosmic
Darkness	Ubumnyama
Equator	I-Equator
Galaxy	I-Galaxy
Hemisphere	I-Hemisphere
Horizon	I-Horizon
Latitude	Isikhathi
Moon	Inyanga
Orbit	Umzimba
Sky	I-Sky
Solar	I-Solar
Solstice	I-Solstice
Telescope	Isibonakaliso
Visible	Okubonakalayo
Zodiac	I-Zodiac

Vegetables
Imifino

Artichoke	I-Artichoke
Broccoli	I-Broccoli
Carrot	Isaqathe
Cauliflower	Ukholifulawa
Celery	I-Celery
Cucumber	Ikhukhamba
Garlic	Ugaliki
Ginger	Ujinga
Mushroom	Ikhowe
Olive	Umhlaba
Onion	U-Anyanini
Parsley	I-Parsley
Pea	I-Pea
Potato	Izambane
Pumpkin	Ithanga
Radish	I-Radish
Salad	Isalad
Spinach	Isipinashi
Tomato	Utamatisi
Turnip	Ijimbu

Vehicles
Izimoto

Airplane	Indiza
Ambulance	I-Ambulance
Bicycle	Ibhayibhili
Bus	Ibhasi
Car	Imoto
Caravan	I-Caravan
Engine	Injini
Ferry	Isikebhe
Helicopter	Ibhayibheli
Motor	Motor
Raft	I-Raft
Rocket	Rocket
Scooter	Isithutha
Shuttle	Shuttle
Submarine	Unyazilwezulu
Taxi	I-Taxi
Tires	Amathaya
Tractor	Utalakta
Truck	Ithola

Visual Arts
Ubuciko Obubonakalayo

Architecture	Architecture
Artist	Umculi
Ceramics	I-Ceramic
Chalk	Chalk
Clay	Ubumba
Composition	Composition
Creativity	Ubudala
Easel	I-Easel
Film	Ifilimu
Masterpiece	Amasterpiece
Pen	I-Pen
Pencil	Ipensi
Perspective	Umbono
Portrait	Isithombe
Sculpture	Isiqephu
Stencil	I-Stencil
Varnish	Isi-Varnish
Wax	Wax

Water
Amanzi

Canal	I-Canal
Evaporation	Ukuhambazeka
Flood	Isikhukhula
Frost	Isithwethu
Geyser	I-Geyser
Humidity	Ukuthumeka
Hurricane	Isiphepho
Ice	Ice
Irrigation	Ukunkasa
Lake	Ichibi
Moisture	Umsuka
Monsoon	I-Monsoon
Rain	Imvula
River	Umfula
Shower	Ishasha
Snow	Ikhetha
Steam	I-Steam
Waves	Amaza

Weather
Isimo Sezulu

Atmosphere	Umkhathi
Climate	Isimo Sezulu
Cloud	Ifu
Drought	Isomiso
Dry	Yomile
Flood	Isikhukhula
Fog	Inkungu
Hurricane	Isiphepho
Ice	Ice
Lightning	Unyazi
Monsoon	I-Monsoon
Polar	I-Polar
Rainbow	Uthingo
Sky	I-Sky
Storm	Isivunguvungu
Temperature	Temperature
Thunder	Ukudumo
Tornado	Inkanyamba
Tropical	I-Tropical
Wind	Umoya

Congratulations

You made it!

We hope you enjoyed this book as much as we enjoyed making it. We do our best to make high quality games.
These puzzles are designed in a clever way for you to learn actively while having fun!

Did you love them?

A Simple Request

Our books exist thanks your reviews. Could you help us by leaving one now?

Here is a short link which will take you to your order review page:

BestBooksActivity.com/Review50

MONSTER CHALLENGE!

Challenge #1

Ready for Your Bonus Game? We use them all the time but they are not so easy to find. Here are **Synonyms**!

Note 5 words you discovered in each of the Puzzles noted below (#21, #36, #76) and try to find 2 synonyms for each word.

Note 5 Words from *Puzzle 21*

Words	Synonym 1	Synonym 2

Note 5 Words from *Puzzle 36*

Words	Synonym 1	Synonym 2

Note 5 Words from *Puzzle 76*

Words	Synonym 1	Synonym 2

Challenge #2

Now that you are warmed-up, note 5 words you discovered in each Puzzle noted below (#9, #17, #25) and try to find 2 antonyms for each word.
How many lines can you do in 20 minutes?

Note 5 Words from **Puzzle 9**

Words	Antonym 1	Antonym 2

Note 5 Words from **Puzzle 17**

Words	Antonym 1	Antonym 2

Note 5 Words from **Puzzle 25**

Words	Antonym 1	Antonym 2

Challenge #3

Wonderful, this monster   challenge is nothing to you!

Ready for the last one? Choose your 10 favorite words discovered in any of the Puzzles and note them below.

1.	6.
2.	7.
3.	8.
4.	9.
5.	10.

Now, using these words and within a maximum of six sentences, your challenge is to compose a text about a person, animal or place that you love!

Tip: You can use the last blank page of this book as a draft!

Your Writing:

Explore a Unique Store
Set Up **FOR YOU!**

MEGA DEALS

BestActivityBooks.com/**TheStore**

Designed for Entertainment!

Light Up Your Brain With Unique **Gift Ideas**.

Access **Surprising** And **Essential Supplies!**

CHECK OUT OUR MONTHLY SELECTION NOW!

- Expertly Crafted Products -

NOTEBOOK:

SEE YOU SOON!

Linguas Classics Team

BESTACTIVITYBOOKS.COM/FREEGAMES